Wandern Bad Hindelang, Tannheim und Sonthofen

Bildband 24 Touren im Allgäu

Johann Schubert (primapage)

Vorwort

Der Bildband stellt empfehlenswerte Rundwanderungen jeweils mit bis zu sieben Aufnahmen vor. Er wird ergänzt mit Tourenverlauf und Übersichtskarten aller Tourenstrecken. Die Aufnahmen schenken bei der Auswahl Vorfreude auf das Wandern.

Beim Planen einer Tour helfen Hinweise zum Beginn (Parkplätze) und Leistung (Leistungsbedarf) mit Dauer, Streckenlänge und Höhendifferenz. So werden alle alle Touren vergleichbar. Die Leistung wird errechnet mit einem Punkt je

- 1 Kilometer Wanderstrecke,
- 30 Minuten Gehzeit und
- 50 Meter Höhendifferenz.

Weitere Bilder, Alben und Wanderberichte gibt der Verweis je Tour auf den Artikel in pagewizz.com im Internet. Klicken in der Liste https://www.primapage.de/link/ spart die Eingabe.

Impressum

Bibliografische Information der Deutschen Nationalbibliothek:

Die Deutsche Nationalbibliothek verzeichnet diese Publikation in der Deutschen Nationalbibliografie; detaillierte bibliografische Daten sind im Internet über dnb.dnb.de abrufbar.

Johann Schubert, Sonthofen
2. Auflage (3. Februar 2019)

Email: schubsinf@gmail.com
Text, Fotos, Layout: Johann Schubert

© 2019
Herstellung und Verlag: BoD – Books on Demand, Norderstedt.
ISBN: 9783 7481 5776 2

③ Bad Hindelang, Tannheim

Inhalt

1 Bad Hindelang - Hirschberg - Alpe Klank - Spieser

Tourenverlauf

Beginn: Parkplatz Bad Hindelang beim Busbahnhof (P1)

Mit Start und Ziel in Hindelang, Allgäu (825 Meter) mit zwei Gipfeln Hirschberg (1.500 Meter) und Spieser (1.651 Meter) als Ziel schenkt diese Rundtour von Beginn an abwechslungsvolle Aussichten in die Hindelanger Bergwelt.

Nach dem Abstieg vom Hirschberg lädt die 2018 eröffnete Alpe Klank zur Brotzeit ein. Die Sonnenterrasse schenkt einen grandiosen Panoramablick in die Hindelanger Bergwelt. Alternativ kann von hier bequem nach Hindelang auf der Almstraße die Tour gekürzt werden.

Empfehlenswert ist es, über ein Hochmoor den Spieser (1.651 Meter) zu besuchen. Beim Abstieg über den Kleiner Steinpasssattel lockt die Hirschalpe zur Rast. Der weite Blick ins Ostrachtal und auf die Allgäuer Berge, wie Nebelhorn, Hochvogel, Grünten, Rotspitz, Daumengruppe, Imberger Horn und Hoher Ifen sind ein besonderes Erlebnis.

Nach der Rast, vorbei am steilen Fels des Hirschberges, zeigen sich eindrucksvoll die Wasserfälle im Hirschbachtobel. Der Bergsteig ist gut mit Halteseilen gesichert.

Daten Tour ab Bad Hindelang

- GEHZEIT STUNDEN 5,25
- LÄNGE KILOMETER 12,4
- HÖHENMETER 950
- LEISTUNGSBEDARF 42

Bildbeschreibung

Oben: Vom Hirschberg, Blick Spieser, Gr. Hirschberg, Ornach, Tannheimer Tal
1: Vom Kreuz am HirschbergBlick ins Ostrachtal
2: Hirschberg, Blick Ornach, Tannheimer Tal, Kühgund, Iseler
3: Alpe Klank Blick Daumen, Rotspitz, Nebelhorn, Imberger Horn, Entschenkopf
4: Ins Tal nach Schlierberg auf dem Weg zum Spieser
5: Hirschalpe, Blick Hochvogel, Großer Daumen, Rotspitz, davor Imberger Horn

Weitere Bilder und Wanderbericht: https://pagewizz.com/25366

2 Bad Hindelang - Nusche - Gailenberg

Tourenverlauf

Beginn: Parkplatz (P2) Nusche

Der Aussichtsort Nusche mit kleinem Parkplatz an der Straße nach Gailenberg überrascht mit seinen schönen Ausblicken. Von hier aus führen Wanderwege nach Gailenberg, zum Hirschberg und Spieser. Über Gailenberg empfiehlt es sich, wenigen Schritte Richtung Alpe Klank zu wandern: Hier zweigt linker Hand der bequeme, aussichtsvolle Wanderweg nach Gailenberg ab. Vor dem Ort mündet der Weg in die Straße.

Nach dem kleinen Ort führt ein guter Wanderweg über den Schachentobel zum Aussichtspunkt Lugaus. Eine Bank lädt hier zum Genießen der Schönheit der Hindelanger Berge ein. Weiter führt die Rundtour auf der Almstraße hangwärts hoch.

Auf 1.140 Meter Höhe zweigt eine weitere Almstraße rechter Hand ab. Hier kommt linker Hand die Almstraße von Sonthofen, Bildstöckle herab. Jetzt geht es auf der ebenen Straße bis zur Einmündung in den zur Klankhütte und Hirschberg aufsteigenden Höfleweg. Die Strecke führt auf dieser Straße rechts abwärts bis zum Parkplatz Nusche.

Daten ab Nusche

- GEHZEIT STUNDEN 1,75
- LÄNGE KILOMETER 5,5
- HÖHENMETER 250
- LEISTUNGSBEDARF 14

Bildbeschreibung

Oben: Bad Hindelang und Bad Oberdorf mit Iseler, Blick ins Ostrachtal
1: Aussichtspunkt Nusche, Blick zum Hirschberg
2: Nusche Blick auf Bad Hindelang mit Kühgundkopf und Iseler
3: Nusche Blick ins Illertal auf die Nagelfluhkette
4: Vom Schachentobel Blick auf das Imberger Horn
5: Aussichtsstelle Lugaus, Blick über das Ostrachtal zum Iseler und Breitenberg

Weitere Bilder und Wanderbericht: https://pagewizz.com/34612

3 Bad Hindelang - Schleierfall - Cafe Horn - Hornalpe

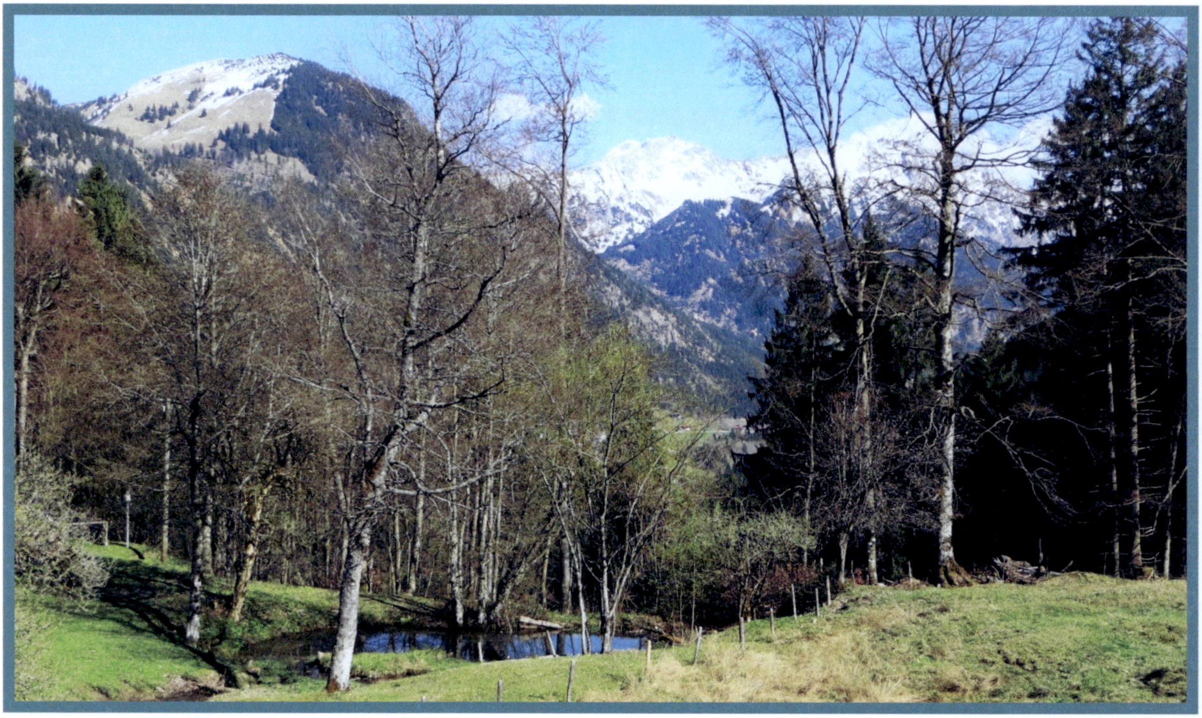

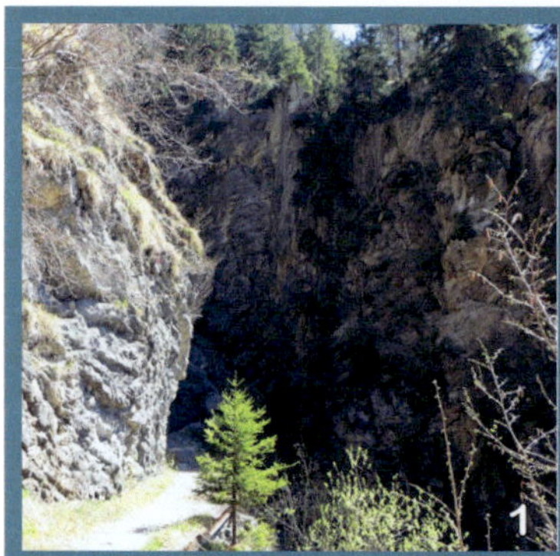

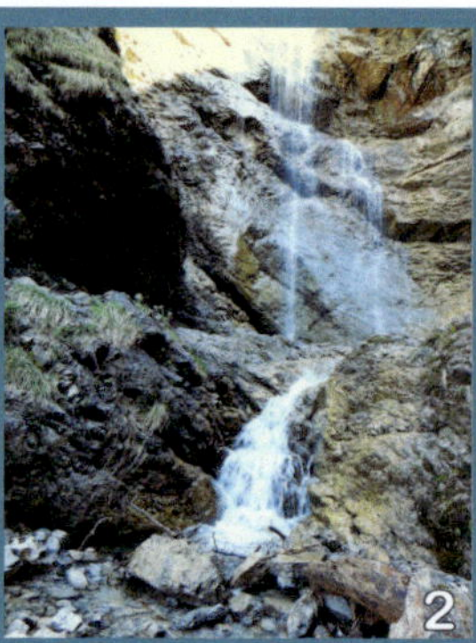

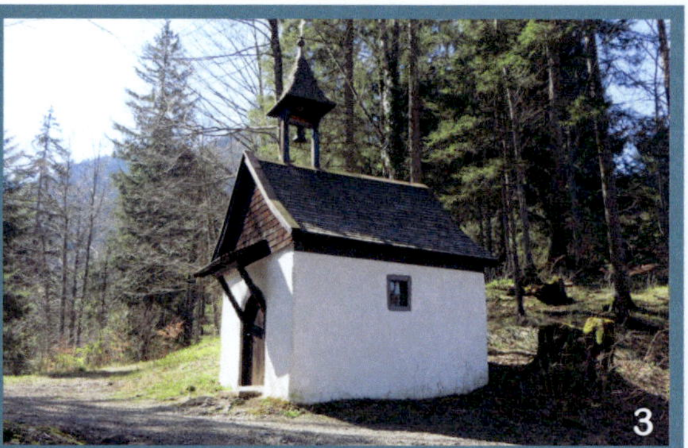

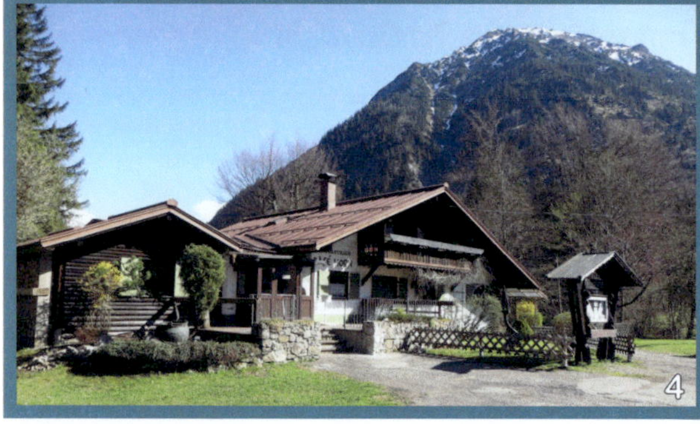

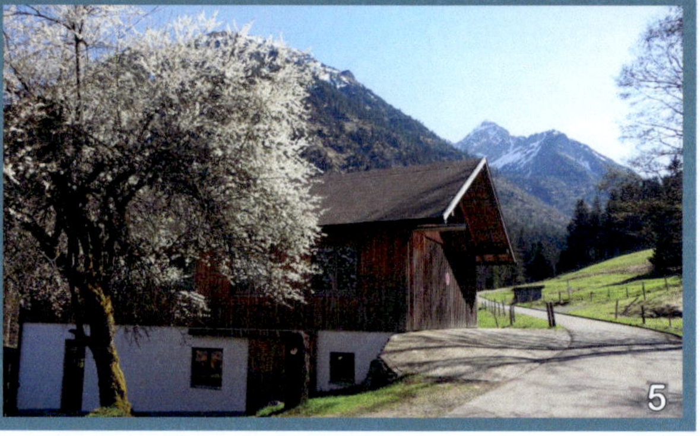

Tourenverlauf

Beginn: Parkplatz Bad Hindelang Gruebplätzle (P3)

Vom Parkplatz geht es über die Straße hoch zum sehenswerten Schleierfall. Dann führt der aussichtsvolle, breit angelegte Vaterlandsweg nach Bruck.

Nach der Brücke über die Ostrach steigt ein schöner Waldpfad hinauf zur Hornkapelle. Von dieser wird das nahe gelegene Horn-Cafe erreicht.

Die Aussicht auf die Hindelanger Bergwelt ist hier traumhaft. Besonders der nahe Breitenberg und die Rotspitz laden zu weiteren Wanderungen ein.

Die kürzere Variante führt auf der Almstraße und Wanderpfaden zurück zum Parkplatz. Wer weitere, schöne Ausblicke auf Iseler, Bschiesser, Geisshorn, Rauhhorn, Kugelhorn und weitere Gipfel genießen will, wählt die Almstraße hoch in Richtung Hornbahn zur Hornalpe. Belohnt wird der weitere Aufstieg auch mit schönen Ausblicken ins Hintersteiner Tal.

Von dort führt eine Almstraße und später ein gut begehbarer Wandersteig hinab zum Ausgangspunkt.

Daten Tour via Cafe Horn - Hornalpe (nur Cafe Horn)

- GEHZEIT STUNDEN 3,5 (2,5)
- LÄNGE KILOMETER 9 (6,4)
- HÖHENMETER 565 (340)
- LEISTUNGSBEDARF 27 (18)

Bildbeschreibung

Oben: Blick zwischen Kapelle und Cafe Horn ins Hintersteinertal
1: Der Zugang zum Schleierfall
2: Der Scheierfall
3: Die Hornkapelle
4: Das Cafe Horn mit Breitenberg im Hintergrund
5: Blick zur Rotspitz, nach wenigen Metern Aufstieg zur Hornalpe

Weitere Bilder und Wanderbericht: https://pagewizz.com/36776

4 Hinterstein - Häblesgund - Breitenberg

Tourenverlauf

Beginn: Parkplatz Hinterstein Säge (P4)

Gegenüber dem großen Parkplatz beginnt die aussichtsreiche Rundstrecke über die Brücke. Der Jägersteig führt bequem aufwärts durch das Retterschwangertal.

Nach der Ruhebank "Hinter der Kelle" mit prima Aussicht auf Rotspitz und Sonnenköpfe windet sich eine neue Schotterstraße zum Häbelesgund hoch. Auf 1.456 Meter fällt die Entscheidung: Rechts geht es hoch zur Rotspitz, links die hier beschriebene, kürzere Rundstrecke über den Breitenberg.

Am Bergkamm angekommen, beginnt rechts der Pfad über den Klettersteig Hohe Gänge. Dieser verbindet den Breitenberg über die Heubatspitze mit der Rotspitz. Hier kann wahlweise der etwas höhere, zweite Gipfel des Breitenberges besucht werden. Linker Hand ist in wenigen Minuten das Kreuz des vorderen Gipfels erreicht.

Der Abstieg über die Älpe Alpe endet im Hintersteiner Tal. Hier geht noch einige Kilometer eben am Ufer der Ostrach zurück zum Parkplatz Hinterstein Säge.

Daten ab Hinterstein Säge

- GEHZEIT STUNDEN *7*
- LÄNGE KILOMETER *15,6*
- HÖHENMETER *1.075*
- LEISTUNGSBEDARF 50

Bildbeschreibung

Oben: Vom Breitenberg Blick ins Hintersteinertal auf Gaishorn und Rauhhorn
1: Vor im unteren Platz Blick nach Bad Hindelang, Oberjoch
2: Im unteren Platz Blick auf Rotspitz im Hintergrund
3: Beim Aufstieg im Häblesgund zum Breitenberg zeigt sich die Rotspitz
4: Unterhalb des Bergrückens zum Breitenberg Blick zum Imberger Horn

Weitere Bilder und Wanderbericht: https://pagewizz.com/36333

5 Hindelang - Häblesgund - Rotspitz - Alpe Mitterhaus

Tourenverlauf

Beginn: Parkplatz Hinterstein Säge (P4)

Der Start ist in Bad Hindelang, Ortsteil Bruck am großen Parkplatz Säge. Nach dem Überqueren der Straße nach der Brücke führt der Jägersteig bequem aufwärts durch den kühlen Hangwald in das Retterschwanger Tal.

Nach einer Stunde an der Kehlbachrinne lädt eine Bank ein zur Rast mit Ausblick auf die Sonnenköpfe. Nach wenigen Metern beginnt der Aufstieg auf der neuen Almstraße bis zum Im Unter'n Platz.

Hier beginnt ein kurvenreicher Steig mäßig steil über den Häbelesgund hinauf zum Berggrat. Wie die gesamte Route ist der Gratsteig zum Rotspitzgipfel gut markiert. Am Grat helfen Drahtseile bei einigen, etwas ausgesetzten Wegabschnitten.

Der bequeme Bergsteig über die Haseneggalpe ist für den Abstieg besser geeignet als der ab und zu mit Geröll bedeckte Aufstiegsweg. Die Sennalpe Mitterhaus lädt ein zur Einkehr. Dann führt die Almstraße komfortabel zum Cafe Horn. Ab hier oder schon vorher ab der Kapelle Horn geht es auf Wanderwegen zum Parkplatz.

Daten ab Hinterstein Säge

- GEHZEIT STUNDEN 7
- LÄNGE KILOMETER 16,5
- HÖHENMETER 1.215
- LEISTUNGSBEDARF 55

Bildbeschreibung

Oben: Am Gipfel Blick über Heubatspitze auf Gaishorn, Rauhhorn, Kugelhorn
1: Aufstieg vom Häblesgund zum Bergsattel der Rotspitz
2: Vor dem Sattel
3: Rückblick auf den Aufstiegsweg
4: Auf dem Bergkamm zeigt sich die Rotspitz
5: Blick nach Sonthofen ins Illertal, rechts Imberger Horn und Grünten

Weitere Bilder und Wanderbericht: https://pagewizz.com/26996/

6 Hinterstein - Zipfelsfälle - Zipfelsalpe - Iseler

Tourenverlauf

Beginn: Parkplatz Hinterstein Kirche (P5)

Von Hinterstein an der Kirche führt der Waldpfad vorbei an den vielen Wasserfällen des Zipfelbachs. Schöne Ausblicke in die Hindelanger Berge bereichern den Aufstieg. Sobald die Almwiesen erreicht sind, ist die Zipfelsalpe zu sehen. Hier führen Wege zum Bschiesser, Ponten und Iseler oder nach Tirol ins Tannheimer Tal.

Die Rundstrecke wählt als Ziel den Iseler. Tausend Meter hoch über Bad Hindelang zeigen sich hier Grünten, Gimpel, Zugspitze, Hochvogel, Breitenberg und Kleiner Daumen, um nur einige zu nennen.

Der Abstieg beginnt Richtung Oberjoch bis zur Oberen Bergstation des Iseler-Sessellifts. Alternativ kann die Abfahrt zum Oberjoch und Rückreise mit dem Bus gewählt werden. Abwärts lockt jedoch der stille Palmweg nach Bad Oberdorf.

Unweit von hier kann den Bus nach Hinterstein die Strecke verkürzen. Die bequeme, aussichtsvolle Strecke über Bergwacht- und Vaterlandsweg zurück nach Hinterstein zu wandern ist jedoch empfehlenswerter.

Daten ab Hinterstein Kirche

- GEHZEIT STUNDEN 6,5
- LÄNGE KILOMETER 16
- HÖHENMETER 1.070
- LEISTUNGSBEDARF 50

Bildbeschreibung

Oben: Vom Iseler Blick über Tannheim zum Gimpel, Kellenspitze und Zugspitze
1: Nahe der Zipfelsalpe Blick auf Daumen, Rotspitz, Heubatspitze, Breitenberg
2: Einer der Zipfelsfälle
3: Blick von der Zipfelsalpe auf den Bschiesser
4: Blick vom Iseler-Sattel auf Gaishorn und Bschiesser
5: Rückblick beim Abstieg vom Iseler auf den Kühgundkopf

Weitere Bilder und Wanderbericht: https://pagewizz.com/31917

7 Hinterstein - Willersalpe - Bschiesser - Zipfelsalpe

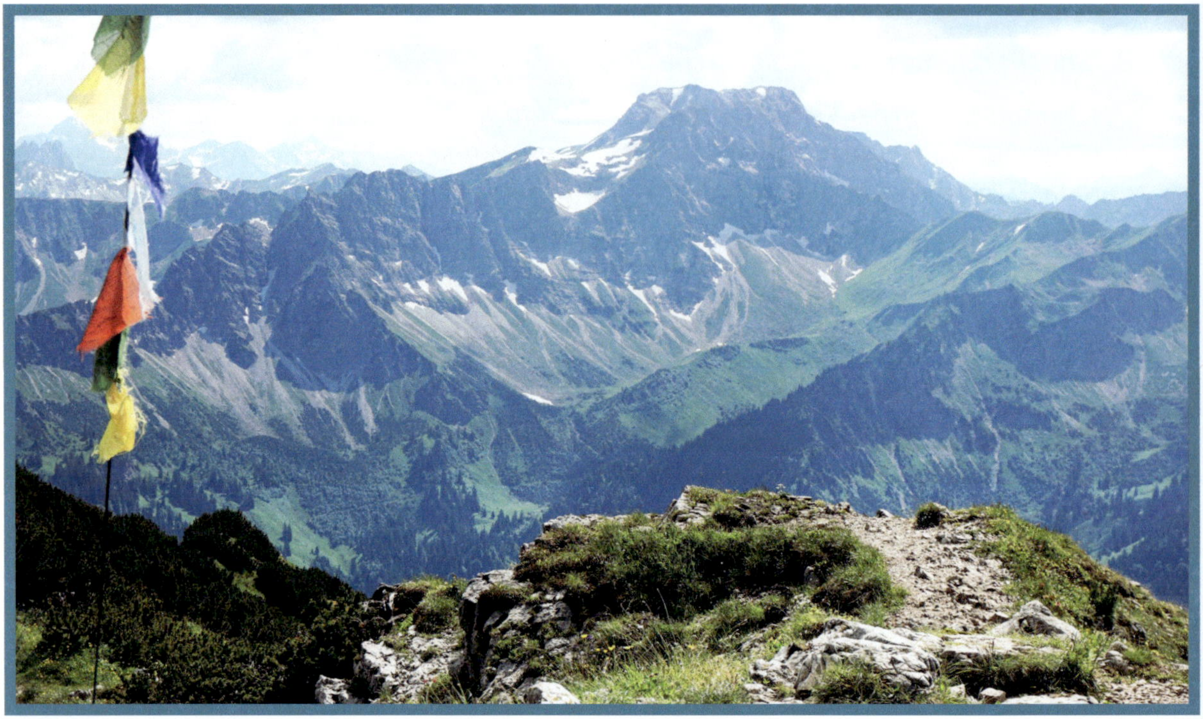

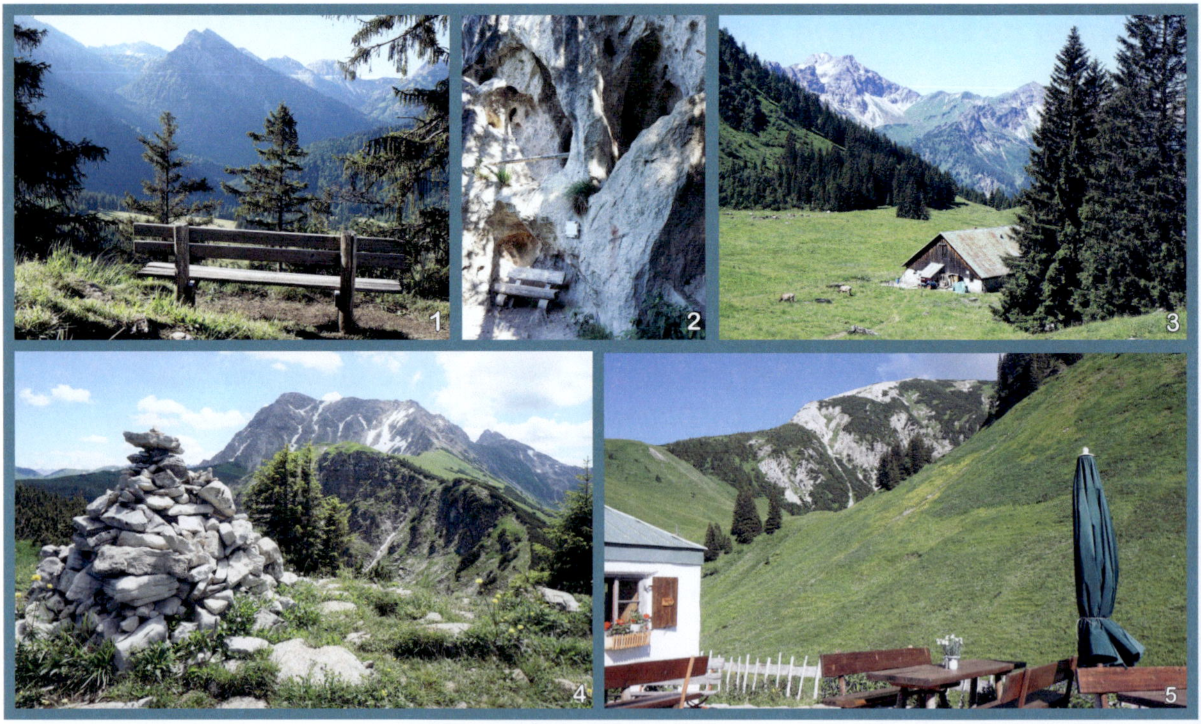

Tourenverlauf

Beginn: Parkplatz Hinterstein Kirche (P5)

Oft wird diese Rundtour vom Parkplatz an der Kirche in Bad Hindelang, Hinterstein aus in Richtung Zipfelsalpe gewandert. Wer die imposanten Zipfelsfälle noch nicht kennt und fotografieren will, hat beim Aufstieg vormittags gute Lichtverhältnisse.

Die Ausblicke bei Morgensonne auf die Hindelanger Berge sind beim Aufstieg zum Aussichtsplatz Köpfle ein Erlebnis. Dann führt der sanft ansteigende Waldpfad zum Wildfräuleinstein. Er endet in den steiler aufsteigenden Weg durch den Wald. Weiter über Almen wird die Willersalpe erreicht.

Die Willersalpe lädt zur Rast ein. Nach dem Aufstieg wird das Zirleseck an der Grenze zu Tirol erreicht. Hier wird der Blick frei auf das Tannheimer Tal mit dem imposanten Gipfel des Gimpels. Beim Aufstieg kurz vor dem Bschießer ist ein kurzer Teil des Bergsteiges mit größeren Steinen und Geröll etwas mühevoll.

Der Bschießer schenkt einen prächtigen Rundblick vom Grünten bis zum Hochvogel. Angenehm geht es nun abwärts über die einladende Zipfelsalpe nach Hinterstein vorbei an den Zipfelsfällen zum Parkplatz.

Daten ab Hinterstein Kirche

- GEHZEIT STUNDEN 7,5
- LÄNGE KILOMETER 15
- HÖHENMETER 1.205
- LEISTUNGSBEDARF 54

Bildbeschreibung

Oben: Vom Bschießer Blick zum Großer Daumen, ganz links Hochvogel
1: vom Aussichtsplatz Köpfle Blick ins Hintersteiner Tal
2: Wildfräuleinstein
3: Willersalpe mit Daumen und Rotspitz
4: Blick vom Zirlesegg auf das Gaishorn
5: Zipfelsalpe mit Blick auf den Bschießer

Weitere Bilder und Wanderbericht: https://pagewizz.com/38049

8 Schattwald - Stuibenalpe

Tourenverlauf

Beginn: Parkplatz Schattwald Talstation Wannenjochbahn (P6)

Vom Parkplatz der Talstation der Wannenjochbahn in Schattwald, Tirol lädt ein bequemer Wanderweg entlang des Stuibenbachs zum Besuch der Mittlere Stuibenalpe ein.

Alternativ ist die die 1.358 Meter hoch gelegene Alpe mit der Auffahrt auf 1.570 Meter mit der Bahn und dann abwärts wandernd erreichbar. Beim Aufstieg auf breitem Wege kommen dank dieser Möglichkeit viele Wanderer entgegen.

Beim Blick nach vorne zeigen sich Bschießer (in Tirol Bscheißer) und Ponten.

Der Rückweg auf Almstraßen von der Stuibenalpe über das Pontental hinab Richtung Zöblen sind weitere Berge zu sehen, beispielsweise Rohnenspitze, Gimpel, Köllenspitze, Einstein und Sorgschrofen.

Kurz nach der Stuibenalpe lockt die mit "Sackgasse" beschilderte Straße mit wundervollen Aussichten auf die Tannheimer Gruppe mit Gimpel, Köllenspitze und das Tannheimer Tal zu einem Abstecher. Hier erhält vor allem der fotografierende Wanderer viele schöne Bilder.

Daten ab Schattwald

- GEHZEIT STUNDEN 2,75
- LÄNGE KILOMETER 8,3
- HÖHENMETER 430
- LEISTUNGSBEDARF 22

Bildbeschreibung

Oben: Tannheim mit Gimpel und Köllenspitze
1: Stuibenalpe mit Bschießer
2: Aufstieg von Schattwald zur Stuibenalpe, Blick auf den Bschießer
3: Blick über das Tannheimer Tal zum Einstein
4: Es zeigt sich der Ponten im Rückblick
5: Von einer der Ruhebänke ist die Rohnenspitze zu sehen

Weitere Bilder und Wanderbericht: https://pagewizz.com/32017

9 Tannheim - Älpele - Gaishorn - Vilsalpsee

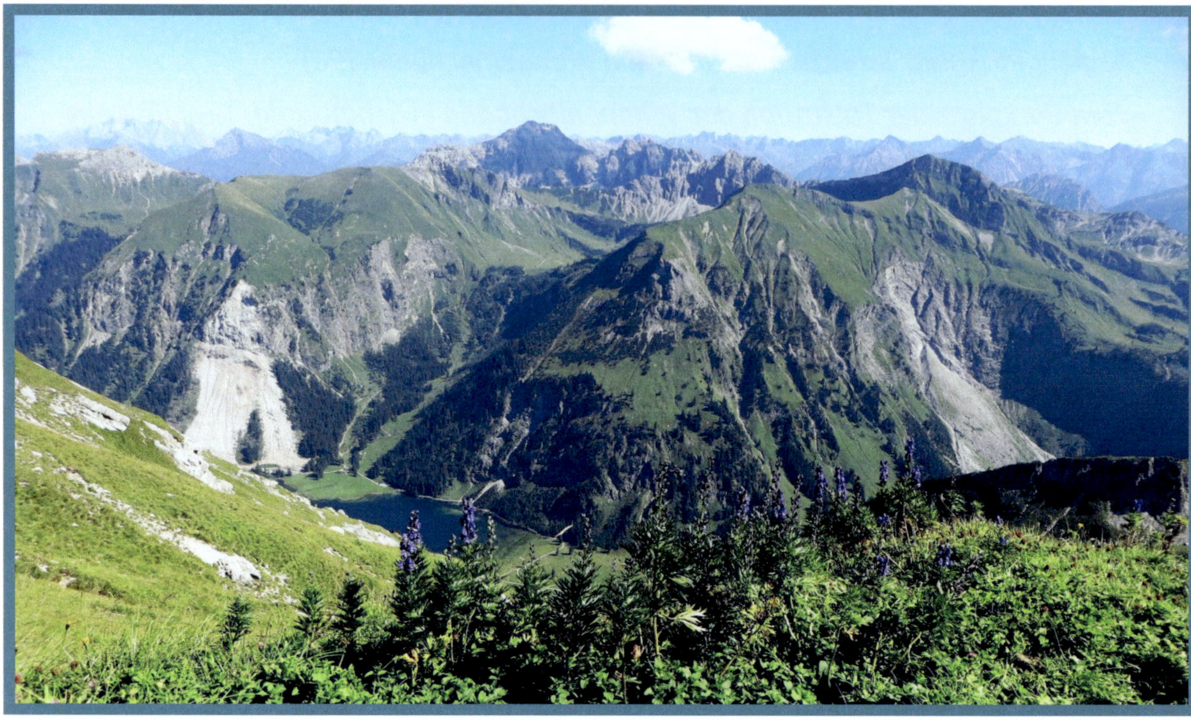

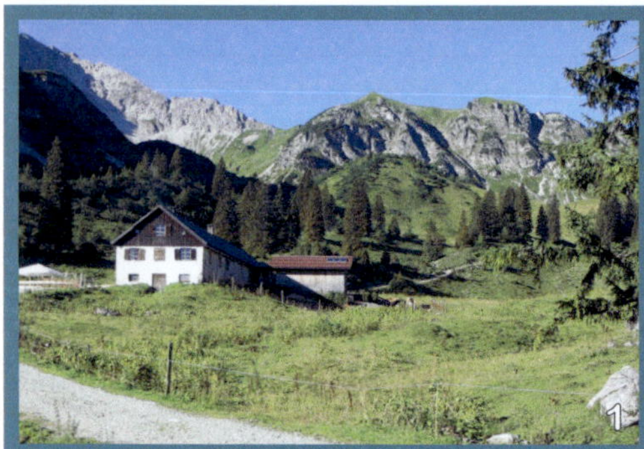

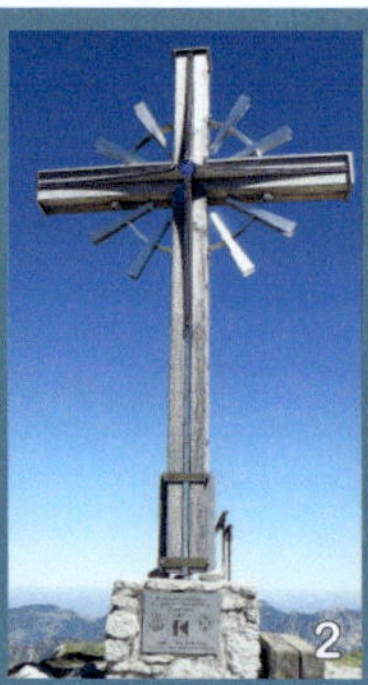

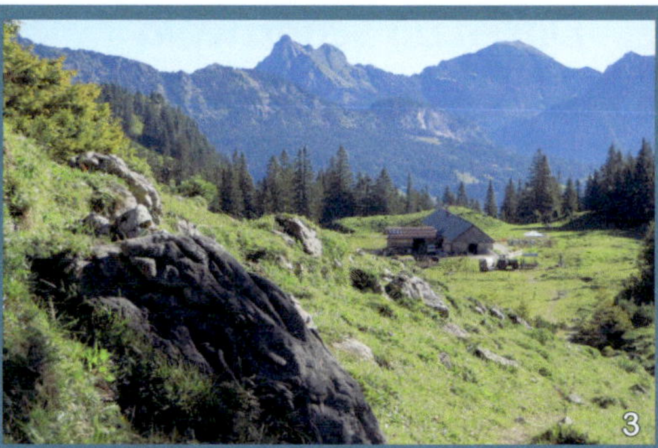

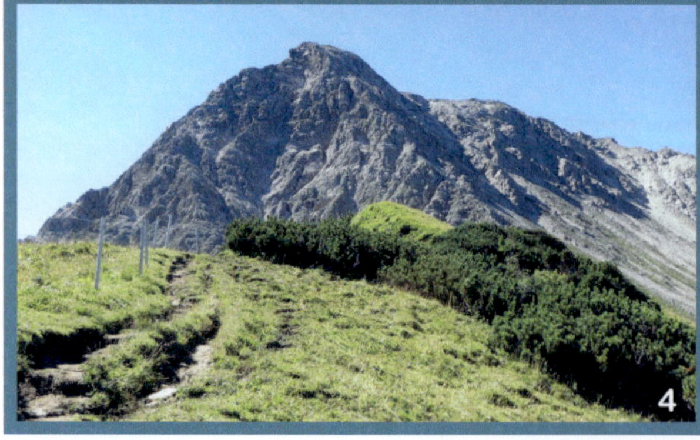

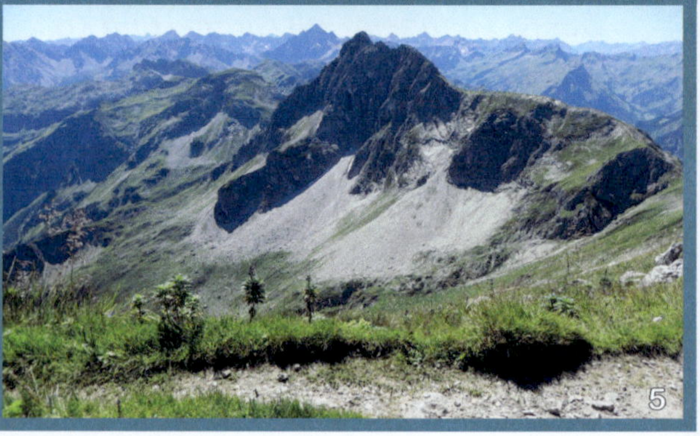

Tourenverlauf

Beginn: Parkplatz Tannheim West (Wiesle) nahe Kienzen (P7)

Bis zum 1.525 Meter hoch gelegenen Älpele-Alpe führt die bequeme Almstraße hoch. Bald nach der Alpe ist das Gipfelkreuz des Gaishorns zu sehen. Beim Wegweiser zum Zirleseck beginnt alternativ nach rechts der schwierigere Aufstieg zum Gaishorn.

Links zweigt angenehm ansteigend entlang des Schnurschrofen der Bergpfad in Richtung Obere Rossalpe. Am Bergrücken angekommen, wird der Steig bald steinig und endet. Weglos aber markiert geht es steil den Geröllhang hinauf.

Ab dem Bergrücken zwischen Gaishorn und Gaiseck öffnet sich der weite Blick nach Westen. Auf dem guten Bergpfad belohnt bals der 2.249 Meter hohe Gipfel mit großartigem Panoramablick. Aus dem Tal grüßt der Vilsalpsee.

Dann folgt der Abstieg zum Vilsalpsee bequem beginnend bis unterhalb des Gaiseckjochs. Hier wandert es sich unbequem - wegen der vielen Steinstufen - hinab zum Vilsalpsee. Wer nicht vier Kilometer bis zum Parkplatz wandern will, muss den letzten Bus um 18 Uhr vom See nach Tannheim erreichen.

Daten ab Tannheim

- GEHZEIT STUNDEN 7,5
- LÄNGE KILOMETER 17
- HÖHENMETER 1.145
- LEISTUNGSBEDARF 55

Bildbeschreibung

Oben: Vom Gaishorn Blick Zugspitze, Thaneller, Lailachspitze
1: Älpele Alpe
2: Gipfelkreuz Gaishorn
3: Rückblick auf Älpele mit Einstein
4: Gaishorn
5: Vom Gaishorn Blick auf Rauhhorn, dahinter Hochvogel, links Urbeleskarspitze

Weitere Bilder und Wanderbericht: https://pagewizz.com/36091

10 Giebelhaus - Engeratsgundsee - Türle - Hinterstein

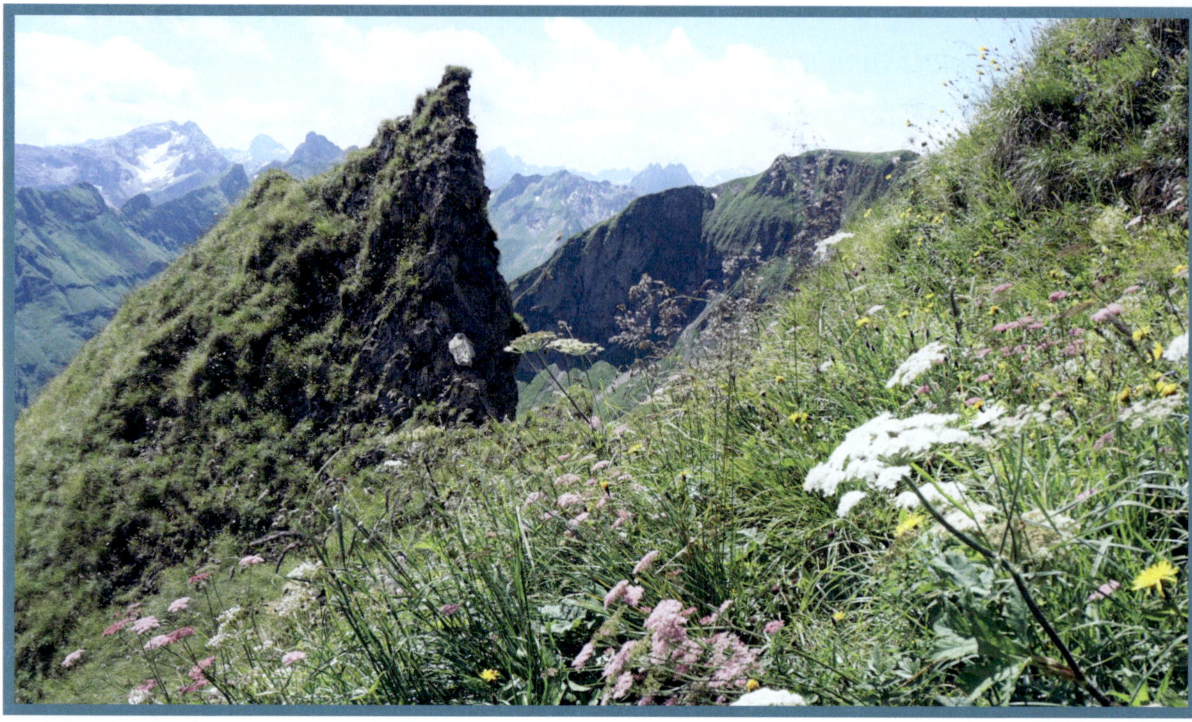

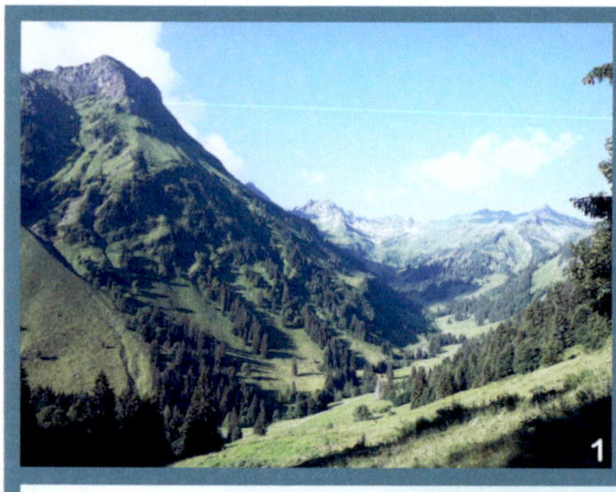

1

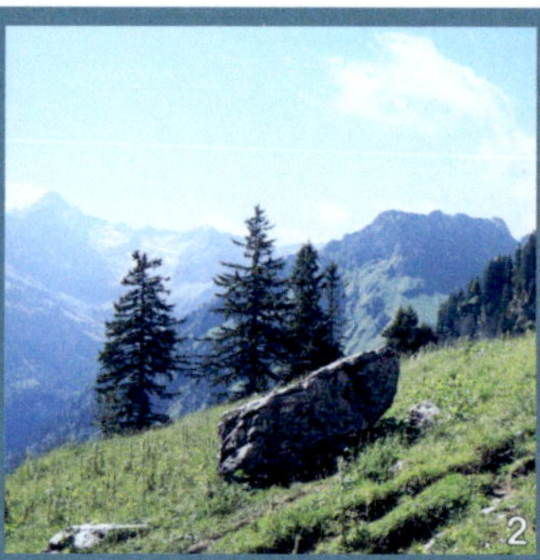

2

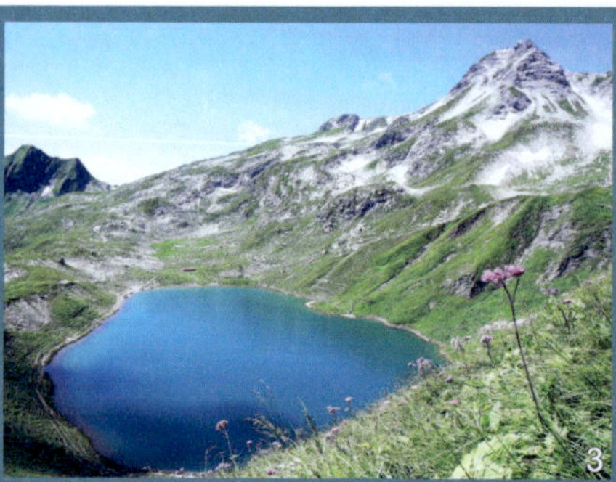

3

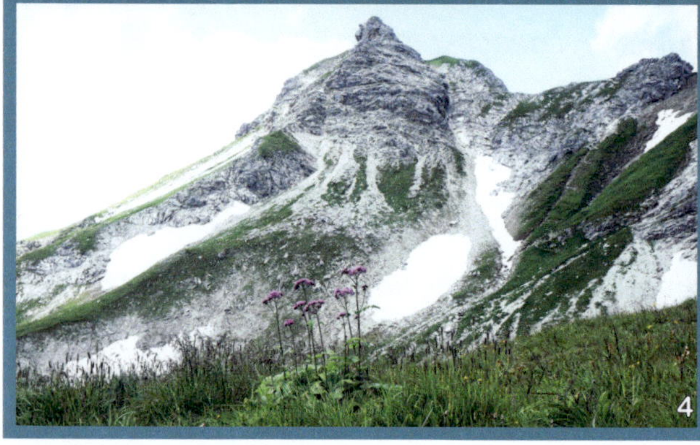

4

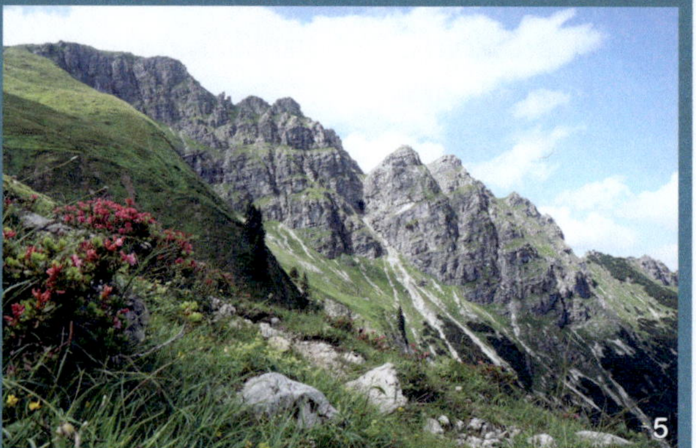

5

Tourenverlauf

Beginn: Parkplatz Hinterstein Auf der Höh (P8) Abfahrt Bus zum Giebelhaus

Beim Giebelhaus beginnt die Tour D (länger) über den Großer Daumen und Bei der Tür (kurz Türle) sowie die Tour T (kürzer) über Türle in Richtung Schwarzenberger Hütte, von der die Bilder stammen.

Der 15 Minuten kürzere Bergweg über Engeratsgundhof und Käser-Alpe gegenüber der Straße zur Schwarzenberghütte schenkt freiere Blicke ins Obertal. Beim Engeratsgundsee führt die Tour D links zum Laufbichelsee und über einen Steig zum Großer Daumen. Über den Daumengrat wird das Türle erreicht. Die Tour T geht rechts steil am Steig hoch zum Türle.

Die Bilder oben und Nummer 4 zeigen die lohnende Alternative bei der kürzeren Tour vom Türle aus etwa eine halbe Stunde Richtung Daumen zu wandern. Unterhalb von dem Auf dem Falken (2.090m) lockt ein Pfad zum Sattel mit Blick auf den kleinen Daumen. Auf gleichem Wege geht es zurück zum Türle.

Vom Türle links abwärts ins Nickental über die Niggenalpen geht es nach Hinterstein. Der längere Weg über die Mösle Alpe ist von Vorteil, wenn der letzte Bus vom Giebelhaus beim Das Älpele nicht mehr erreicht werden kann.

Daten Tour Türle (Tour Daumen)

- GEHZEIT STUNDEN 6 (9)
- LÄNGE KILOMETER 12(19)
- HÖHENMETER 1.025 (1.300)
- LEISTUNGSBEDARF 45(63)

Bildbeschreibung

Oben: Blick Richtung Höfats oberhalb vom Bei der Tür (Türle)
1: Aufstieg vom Obertal, Engeratsgundhof zur Käser-Alpe, Blick zum Giebel
2: Hochvogelblick von der Alpe Engeratsgund (Gündleshütte)
3: Engeratsgundsee beim Aufstieg zum Türle mit Großer Daumen
4: Blick auf den zweiten Daumengipfel (2.273m)
5: Blick aus dem Nickental auf Pfannenhölzer

Weitere Bilder und Wanderbericht: https://pagewizz.com/34563

11 Hinterstein - Giebelhaus - Schwarzenberghütte

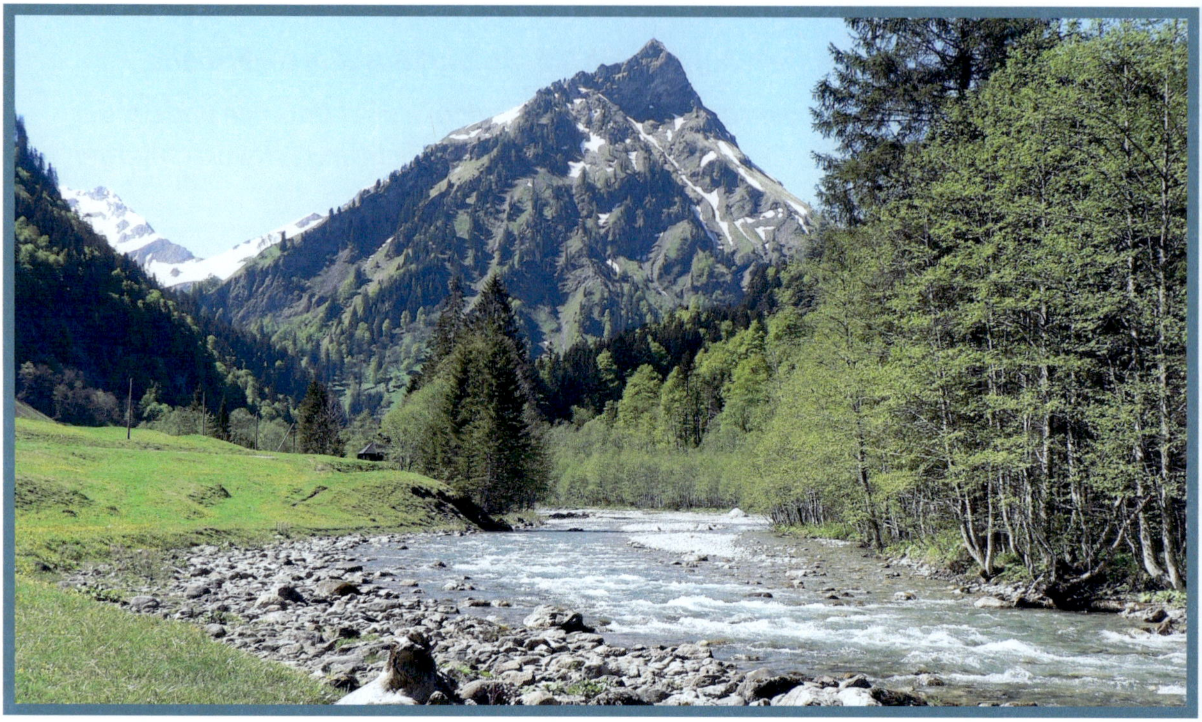

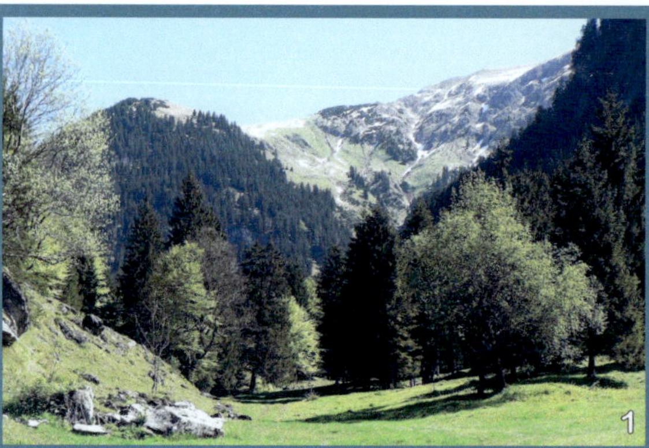

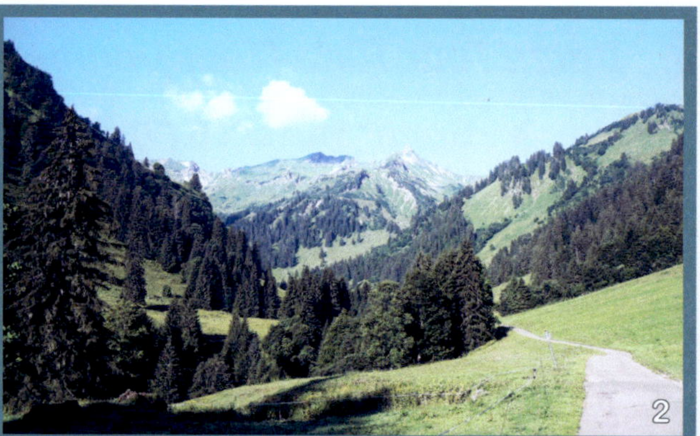

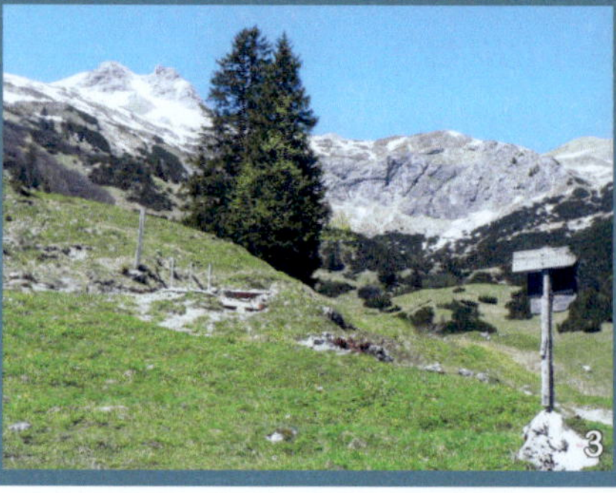

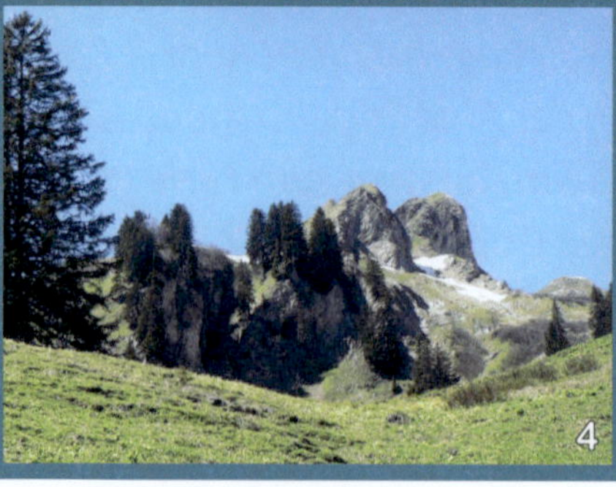

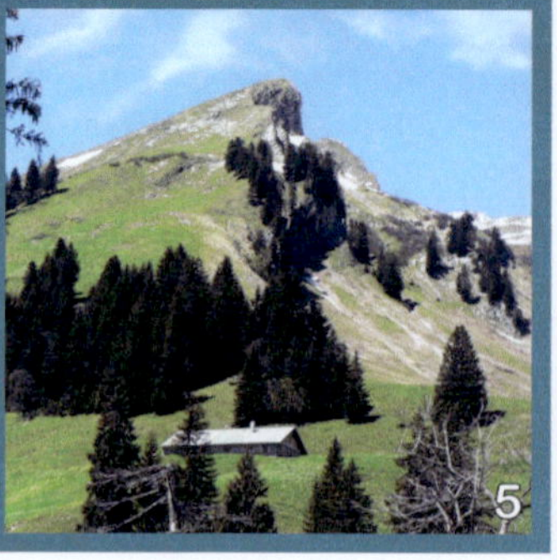

Tourenverlauf

Beginn: Parkplatz Hinterstein Auf der Höh (P8)

Die Strecke von Hinterstein zum Giebelhaus schenkt schöne Ausblicke auf die Hindelanger Bergwelt. Mit 160 Höhenmetern ist die acht Kilometer lange Strecke bequem auf asphaltierter Straße und breitem Weg zu wandern.

Die Straße ist für den allgemeinen Verkehr gesperrt. Der Bus fährt stündlich zum Giebelhaus und zurück. Alternativ zum Wandern bietet sich für die Tour zum Schwarzenberghaus die Busfahrt zum Giebelhaus oder zurück nach Hinterstein an. An jeder Stelle der Straße können Wanderer ein- oder aussteigen.

Bereits die Giebelhausstraße im Tal der Ostrach zwei Stunden wandern von Auf der Höh bis zum Giebelhaus ist ein schönes Naturerlebnis. Besonders empfehlenswert ist der weitere Aufstieg als Rückweg über Engeratsgundhof, Käseralpe und Schwarzenberghütte hinab zur Hubertuskapelle an der Giebelstraße.

Bequem geht es sechs Kilometer bis zum Parkplatz. Bis 18 Uhr 15 nimmt der Bus stündlich müde Wanderer an jeder Stelle auf.

Daten zum Giebelhaus (zur Schwarzenberghütte) Gesamt

- GEHZEIT STUNDEN   2   (3,5)   5,5
- LÄNGE KILOMETER 8,4 (11,6)   20
- HÖHENMETER   170 (360) 530
- LEISTUNGSBEDARF 16   (26)   42

Bildbeschreibung

Oben: Blick über die Ostrach auf den Giebel im Hintersteiner Tal
1: Seitental vom Hintersteiner Tal von der Giebelhausstraße
2: Blick ins Oberbergtal nahe beim Engeratsgundhof
3: Nahe Käser-Alpe Blick auf Großer Daumen
4: Blick auf Laufbichelkirche nahe der Käser-Alpe
5:Blick nahe Schwarzenberghütte auf Käser-Alpe und Laufbichelkirche

Weitere Bilder und Wanderbericht: https://pagewizz.com/34563

12 Hinterstein - Willersalpe - Jubiläumsweg - Schrecksee

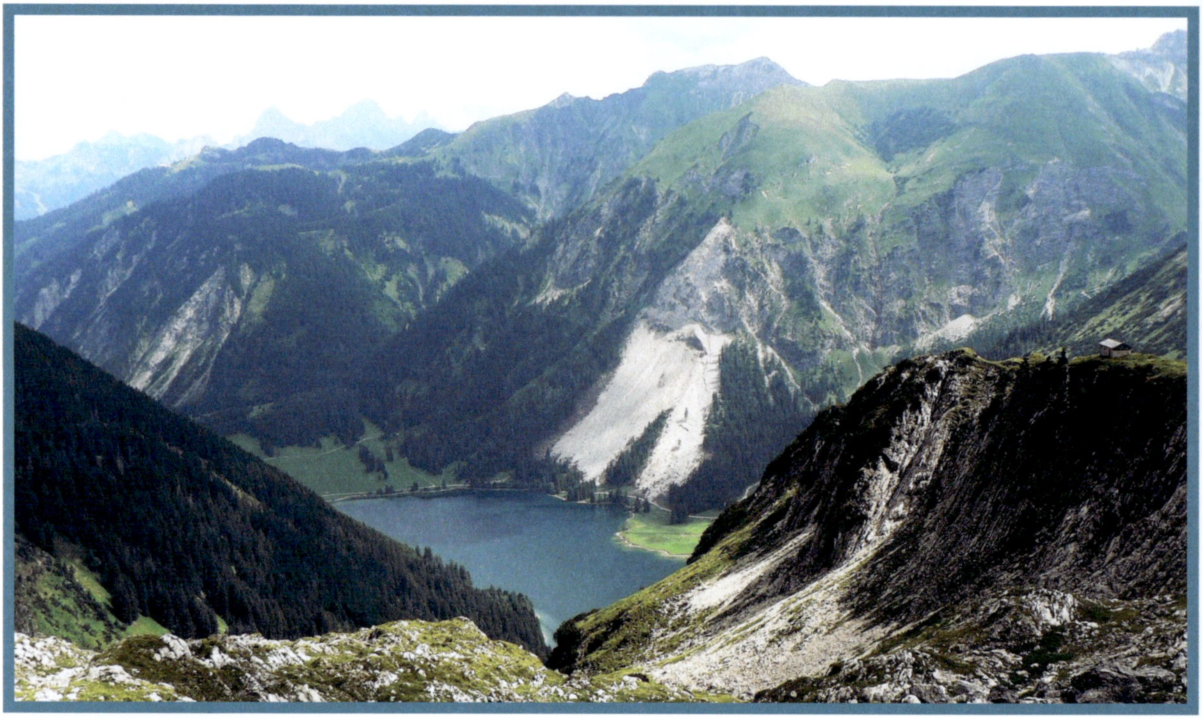

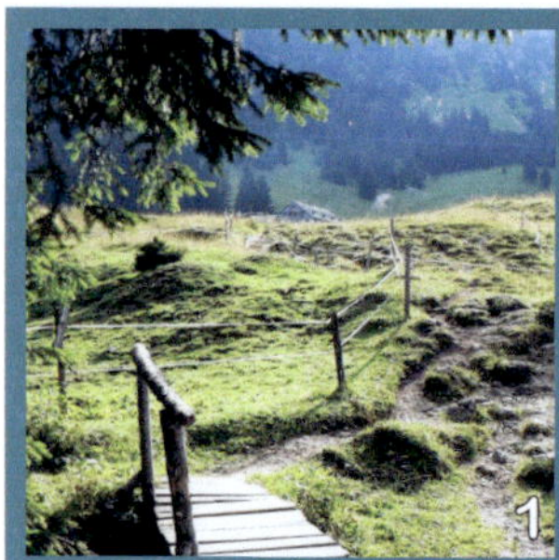

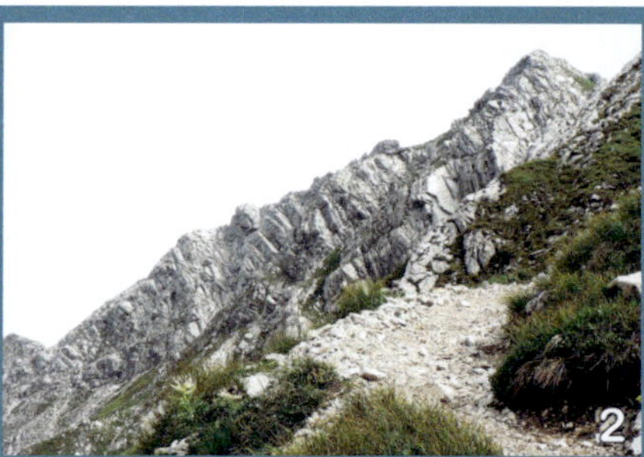

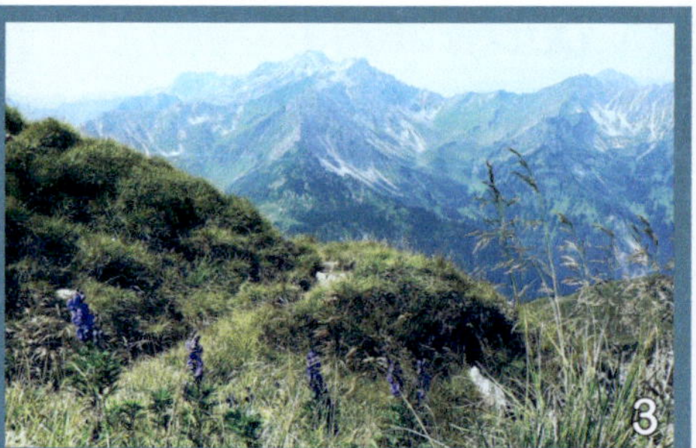

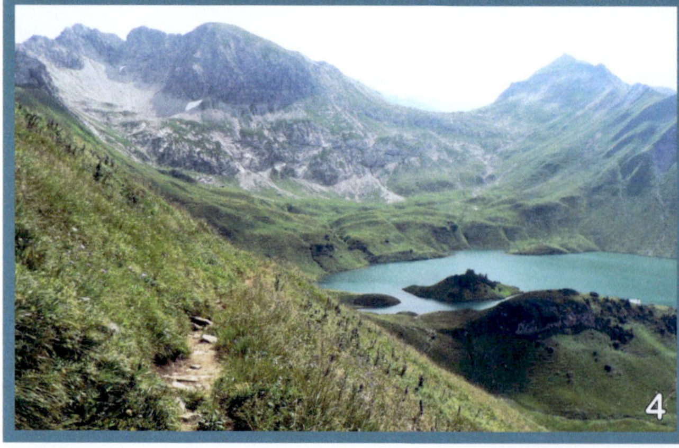

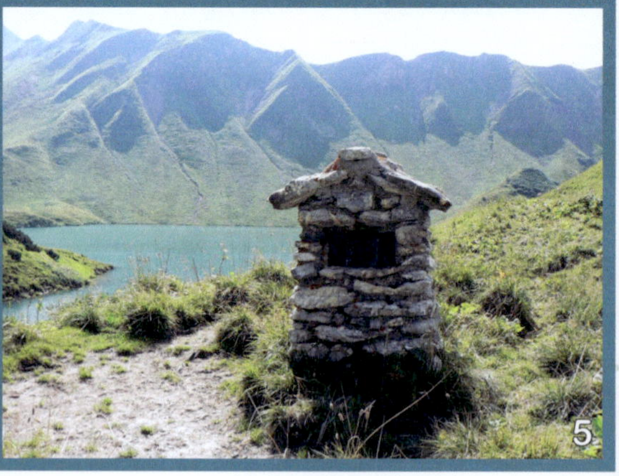

Tourenverlauf

Beginn: Parkplatz Hinterstein, Auf der Höh (P8)

Die Rundwanderung Willers-Alpe, Geißseckjoch, Hintere Schafwanne, Schrecksee, Aue im Ostrachtal dauert acht bis zehn Stunden plus Rastzeit.

Zu Beginn geht es zur 1.456 Metern hohen Willersalpe auf gutem, teilweise steilen Weg. Hier beginnt der Jubiläumsweg mäßig steigend, doch bald steiler werdend mit Geröll zum 2.048 Meter hohen Gaiseckjoch. Hier überrascht der Blick hinab zum Vilsalpsee. Es lockt der Abstecher zum 2.248 Meter hohen Gaishorn.

Jetzt geht es auf Tiroler Gebiet moderat abwärts weiter auf dem Jubiläumsweg bis 1.824 Meter und wieder aufwärts zur Hintere Schafwanne, 1.974 Meter hoch. Diese kann vom Gaiseckjoch alternativ auch über das 2.240 Meter hohe Rauhhorn erreicht werden. Bald ist der Schrecksee zu sehen. Der Abstieg vom Jubiläumsweg führt direkt zur Gedenkstätte am Schrecksee.

Der Rückweg führt ins Hintersteinertal zum Kraftwerk Auele. Der für den Almauftrieb ausgebaute Weg hilft an geschotterten Stellen mit Drahtseilen zum Halten gegen ein Ausrutschen. Die Wanderung auf der Giebelhausstraße und ein bequemer Wanderweg zum Parkplatz beendet die lange Tour.

Daten ab Hinterstein

- GEHZEIT STUNDEN *8,50*
- LÄNGE KILOMETER *19,5*
- HÖHENMETER *1.400*
- LEISTUNGSBEDARF *65*

Bildbeschreibung

Oben: Beim Schäferkopf Blick auf den Vilsalpsee
1: Blick auf die Willersalpe beim Aufstieg von Hinterstein
2: Jubiläumsweg nahe vor dem Geißseckjoch (Gaisegg)
3: Blick auf dem Großer Daumen und Rotspitz nahe der Hintere Schafwanne
4: Abstieg vom Jubiläumsweg zum Schrecksee
5: Gedenkstätte am Schrecksee

Weitere Bilder und Wanderbericht: https://pagewizz.com/26656

Tour 1 Hirschberg, 2 Nusche, 3 Hornalpe, 4 Breitenberg, 5 Rotspitz, 6 Iseler, 7 Bschiesser …

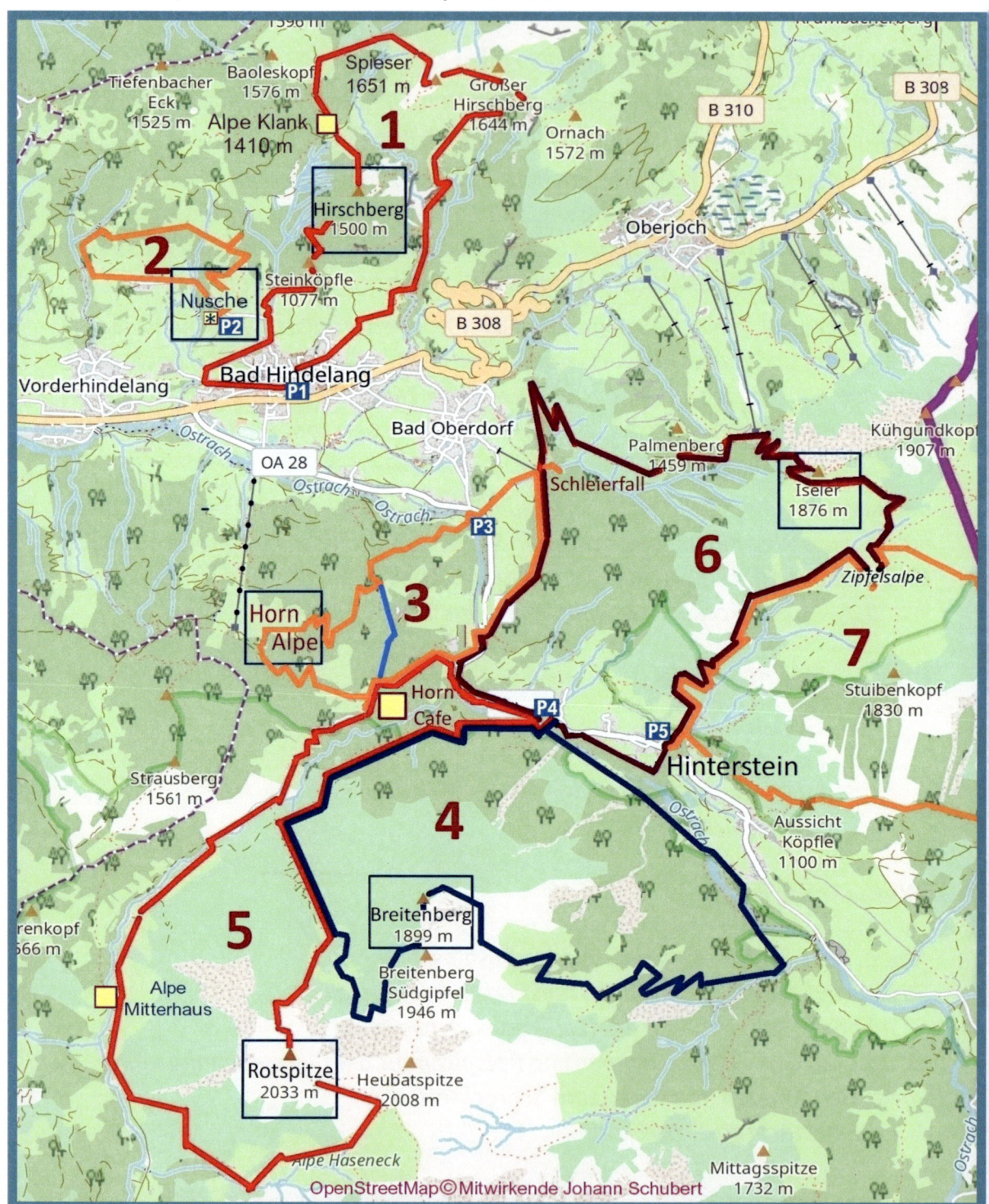

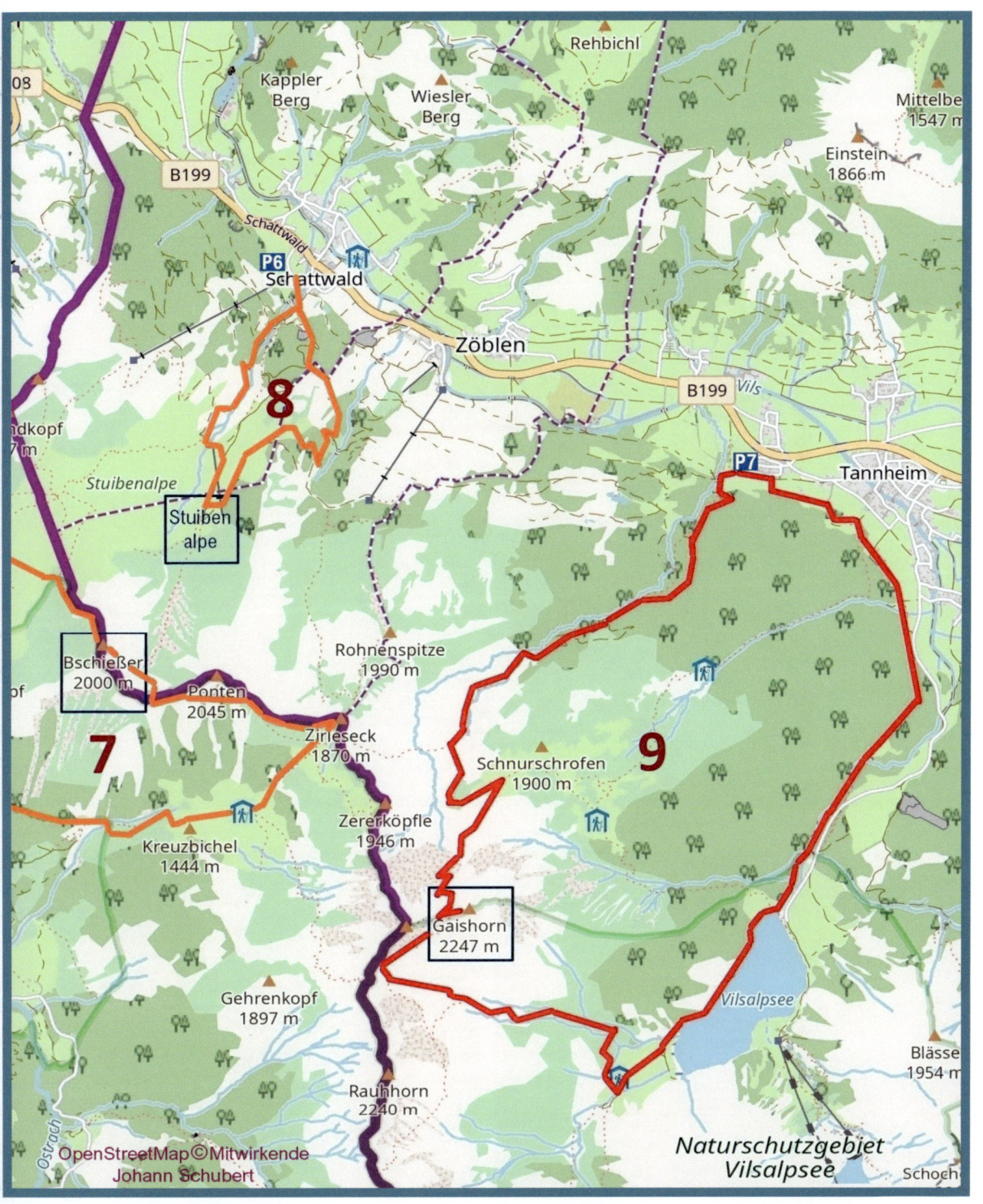

Hinterstein

Willersalpe

Zirleseck
1870 m

Schnurs
190

Ostrach

Aussicht
Köpfle

P8 1100 m
Auf
der Höh

D

Kreuzbichel
1444 m

Zererköpfle
1946 m

Gaishorn
2247 m

Vordere
Schafwanne

Breitenberg
1899 m

Breitenberg
Südgipfel
1946 m

Rotspitze
2033 m

Heubatspitze
2008 m

Alpe Haseneck

Alpe Mösle

Gehrenkopf
1897 m

12

Rauhhorn
2240 m

Hintere
Schafwanne

Mittagsspitze
1732 m

Ostrach

D

Kugelhorn
2126 m

Engerat-
gund-
see

Kleiner
Daumen
2191 m

Niggenalpe
Pfannhölzer
2025 m

Untere Hütte

Tosenbach

T

Knappenkopf
2066 m

D

T

10

Großer
Daumen
2280 m

Türle

Hengst
1988 m

D

T

D=Tour Daumen L 63
T=Tour Türle L 46

Älpelekopf
2023 m

Schreck
see

Kirchendach
1991 m

Laufbichelsee

Zwiebelstränge
2100 m

Laufbichler
Kirche
2026 m

Käser

T

D

Schwarzen
berghütte

11

Ostrach

Kälbelespitze
2134 m

Lahnerkopf
2121 m

er
kopf

Roßkopf
1820 m

Giebel
haus

Schänzlespitz
2052 m

Schänzlekopf
2069 m

© OpenStreetMap-Mitwirkende Johann Schubert

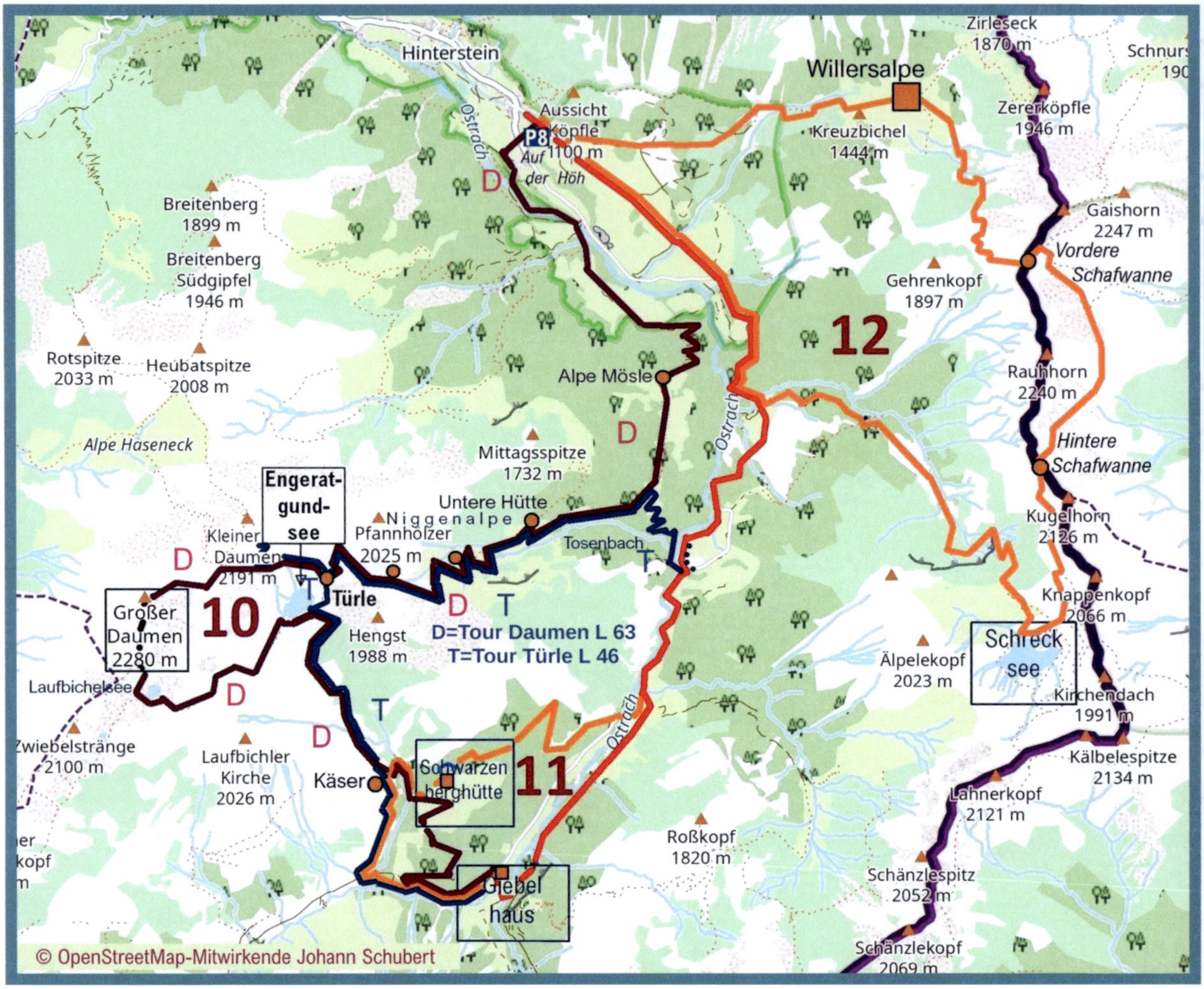

④ Sonthofen, Burgberg

Inhalt

1 Burgberg - Burgberger Hörnle - Grüntenalpe - Schwandalpe

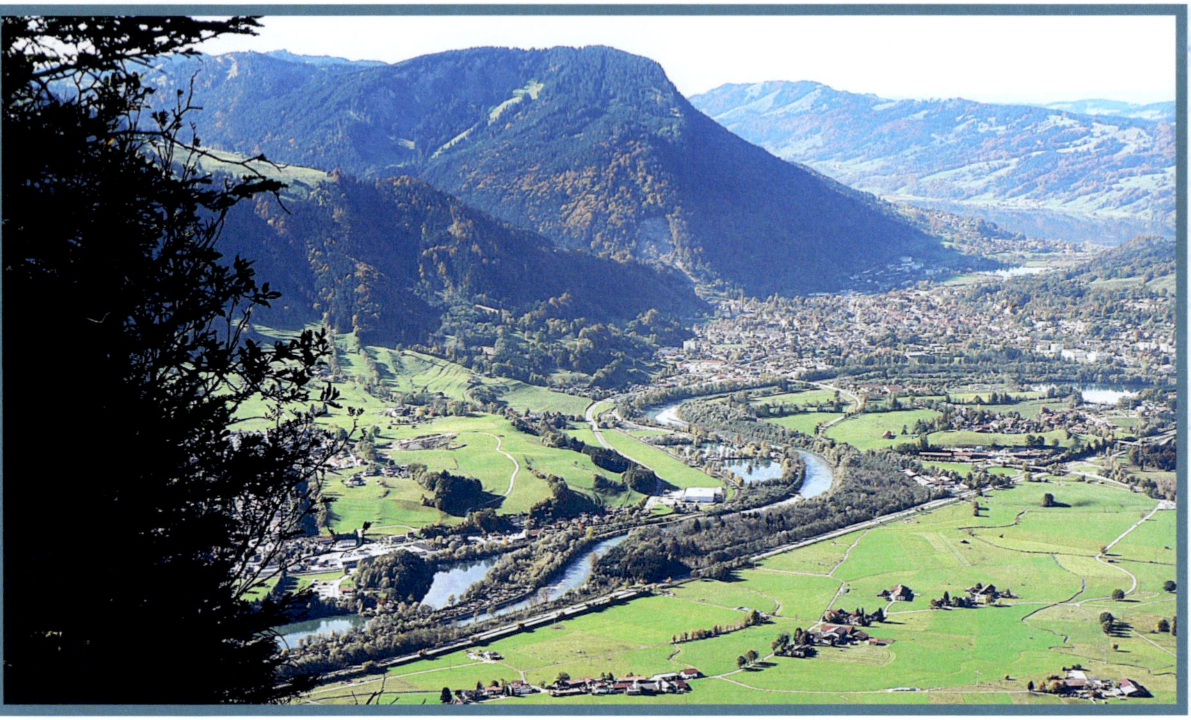

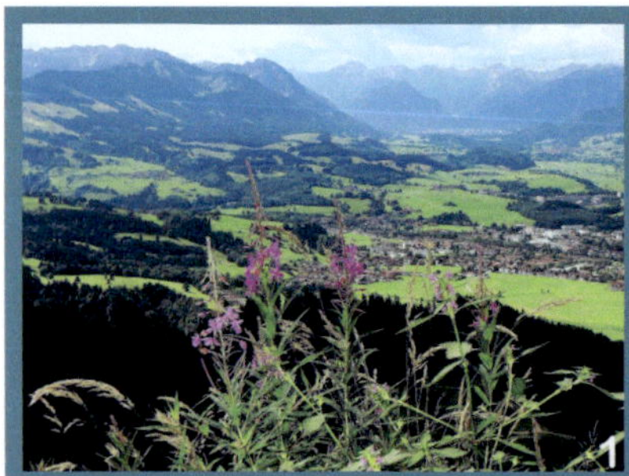
1

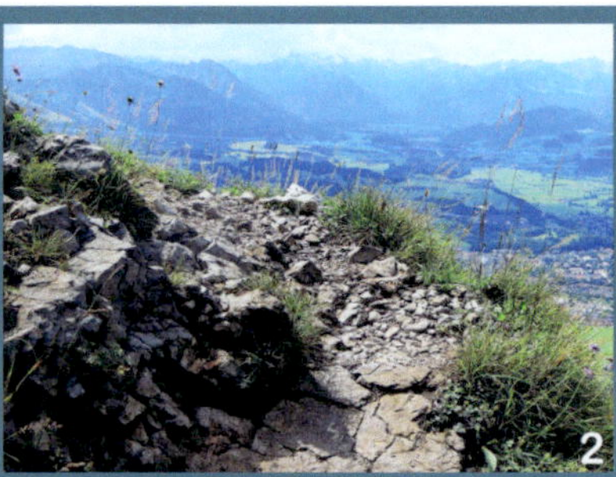
2

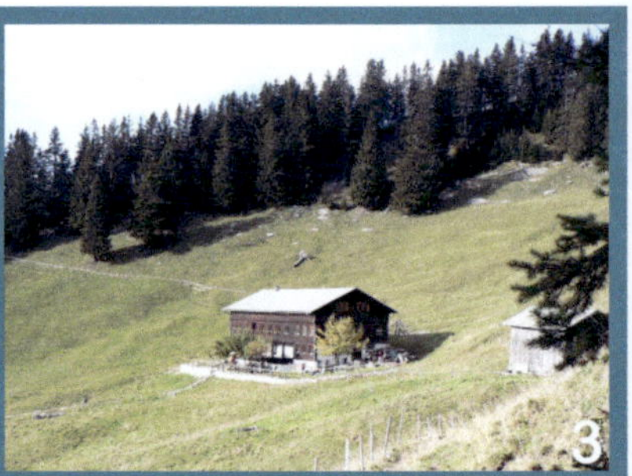
3

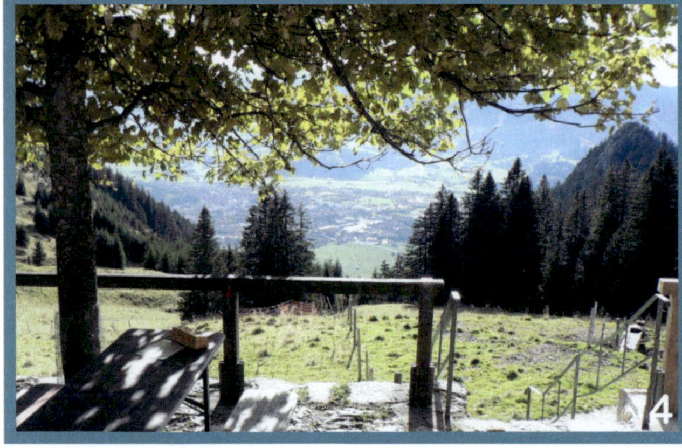
4

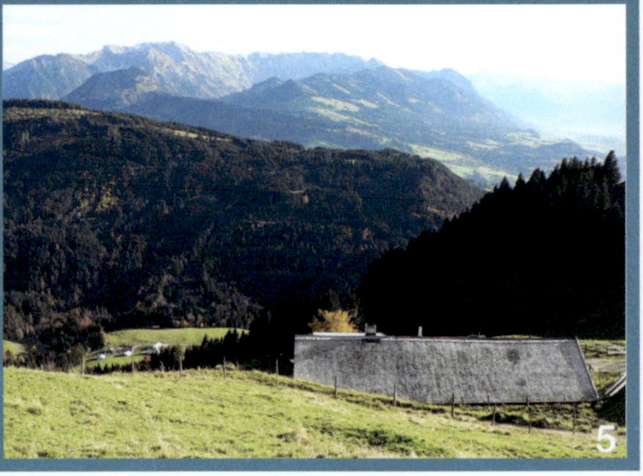
5

Tourenverlauf

Beginn: Die Touren 1 und 1a zum Burgberger Hörnle können bei den Parkplätzen 1 (Burgberg), 1a (Alpe Weiherle) oder 2 (Gasthof Alpenblick) begonnen werden.

Die längere Tour 1 führt über den Aufstieg Richtung Grünten-Haus und den kurzen und gesicherten Klettersteig zum Burgberger Hörnle. Der Rückweg führt über den selben Steig zum einladenden Grünten-Haus. Von hier zeigen sich besonders schön die Allgäuer Berge und im Tal Sonthofen.

Weiter führt die Route in Richtung Obere Schwand-Alpe hinab zum Berggasthof Alpenblick. Dort oder an den unteren Parkplätzen endet die Tour.

Die Tour 1a zweigt vom Weg zum Grünten-Haus auf 1.140 Meter Höhe links ab. Der Steig Funkenweg schenkt geübten Wanderern bereits beim Aufstieg zum Burgberger Hörnle wundervollen Aussichten ins Iller- und Ostrachtal.

Beim Rückweg über den Klettersteig zum Parkplatz zwischen Alpenblick, Weiher-Alpe und Burgberg bietet sich ein Besuch des nahe gelegenen Grünten-Hauses an.

Daten ab Auf dem Ried - Schwand-Alpe (- Funkenweg)

- GEHZEIT STUNDEN 4 (3)
- LÄNGE KILOMETER 10 (6)
- HÖHENMETER 750 (700)
- LEISTUNGSBEDARF 26

Bildbeschreibung

Oben: Blick vom Burgberger Hörnle ins Illertal auf Immenstadt und Alpsee
1: Vom Funkenweg Blick über Sonthofen Richtung Oberstdorf
2: Auf dem Funkenweg zum Burgberger Hörnle kurz vor dem Gipfel
3: Blick auf das Grüntenhaus vom Weg zur Schwand-Alpe
4: Blick vom Grüntenhaus auf Sonthofen und das Burgberger Hörnle
5: Blick über Obere Schwand-Alpe auf Imberger Horn, Daumen und Nebelhorn4

Weitere Bilder und Wanderbericht: https://pagewizz.com/20255

2 Burgberg - Grünten über Schwandalpe oder Roßalpe

Tourenverlauf

Beginn: Die Touren 2 und 2a zum Grünten und wahlweise über das Burgberger Hörnle können bei den Parkplätzen 1 (Burgberg), 1a (Alpe Weiherle) oder 2 (Gasthof Alpenblick Auf dem Ried) begonnen werden.

Die kürzere Tour 2 führt über den markierten Aufstieg zur Grünten-Hütte. Wahlweise lockt der kurze Abstecher über den gesicherten Klettersteig zum Burgberger Hörnle mit schönen Rundumblick. Das Grünten-Haus lädt zur Einkehr und schönen Aussicht auf die Allgäuer Bergwelt ein.

Weiter geht es aufwärts vorbei am Sender des Grünten auf das Übelhorn zum Jägerdenkmal. Zurück über die Zweifelgehren-Alpe und Obere Schwand-Alpe hinab endet die Wanderung beim Berggasthof Alpenblick oder an den unteren Parkplätzen.

Bei der Tour 2a bleibt der Wanderer vom Übelhorn aus auf dem zur Grüntenhütte führenden Bergrücken. Kurz vor der Hütte geht es rechts zur Roßalpe. Von dieser führt die Straße nach Osten bequem abwärts zum Höfle Rundweg. Bald nach der Alpe lädt rechter Hand ein Wanderweg zum Verlassen der Straße ein. Bald mündet der Weg in die alte Roßalpstraße, die zum Höfle Rundweg Richtung Kehr-Alpe und Berggasthof Alpenblick führt.

Daten ab Auf dem Ried Tour 2 Schwand-Alpe (2a Roßalpe)

- GEHZEIT STUNDEN 4 (4,5)
- LÄNGE KILOMETER 9 (11)
- HÖHENMETER 800 (800)
- LEISTUNGSBEDARF   33 (36)

Bildbeschreibung

Oben: Der Grüntengipfel Übelhorn mit dem Jägerdenkmal
1: Roßalpstraße vor Abzweig Wanderweg zur alten Roßalpstraße
2: Auf dem Weg zwischen Roßalpe und Grüntenhütte
3: Blick auf Grüntenhütte und Rottachsee
4: Bank am Jägerdenkmal mit Blick auf Gigglstein, Wertach, Grüntensee

Weitere Bilder und Wanderbericht: https://pagewizz.com/20255

3 Burgberg Auf dem Ried über Höfle Rundweg zum Knappenhock

1

2

3

4

Tourenverlauf

Beginn: Parkplatz 2 Auf dem Ried

Vom Parkplatz Auf dem Ried beim Berggasthof Alpenblick beginnt der sehr gut beschilderte, aussichtsreiche Höfle-Rundweg. Er führt ins Starzlachtal vorbei an der Kehralpe.

Über einen schönen Waldpfad geht es nach einer Stunde hinab zur Königsstraße. An dieser angekommen, lockt links die nur zehn Minuten über der Starzlach entfernte Dreiangelhütte zu einer zünftigen Brotzeit.

Die Wanderung führt rechter Hand auf der Königsstraße zurück zum Gasthof Alpenblick. Nach 50 Minuten lädt die Erzgruben Erlebniswelt mit dem Kiosk "Knappenhock" zur Rast ein. Hier zeigt sich das Wertacher Hörnle und besonders schön der nah aufragende Grünten mit Sender und Jägerdenkmal.

Mit dem wahlweisen Abstecher zur Dreiangelhütte braucht es für den abwechslungsreichen Rundweg etwa zweieinhalb Stunden Wanderzeit. Eine aussichtsreiche Variante zurück über die Roßberg Alpe wird im Wanderbericht beschrieben.

Daten ab Auf dem Ried 2

- GEHZEIT STUNDEN 2,0
- LÄNGE KILOMETER 8,7
- HÖHENMETER 150
- LEISTUNGSBEDARF 16

Bildbeschreibung

Oben: Erzgruben Erlebniswelt Blick auf Grünten mit Sender und Denkmal
1: Auf dem Ried Alpengasthof Alpenblick
2: Blick vom Höfleweg auf Grünten und Burgberger Hörnle
3: Vom Höfleweg Blick zum Wertacher Hörnle
4: Erzgruben Erlebniswelt Museum und Kiosk "Knappenhock"

Weitere Bilder und Wanderbericht: https://pagewizz.com/20327

4 Ruine Burgberg - Auf dem Ried - Starzlachklamm - Winkel

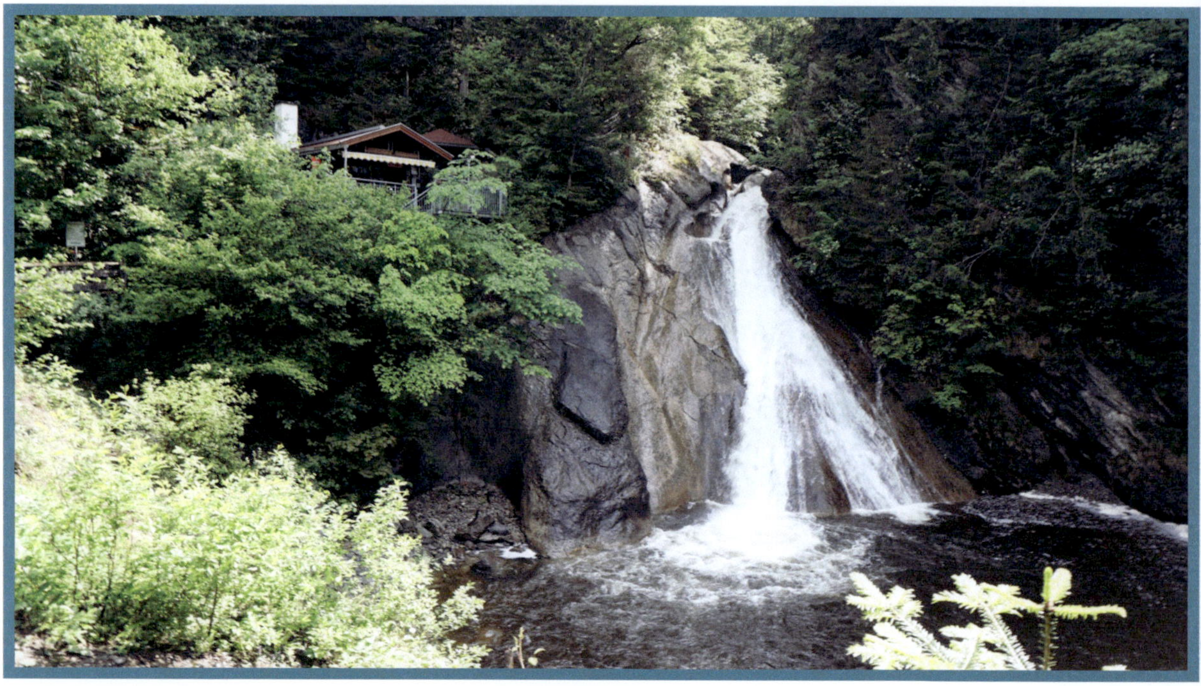

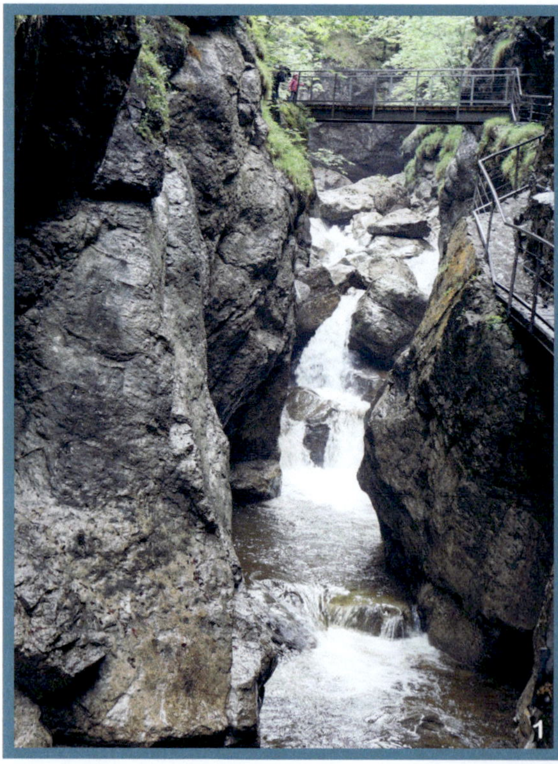

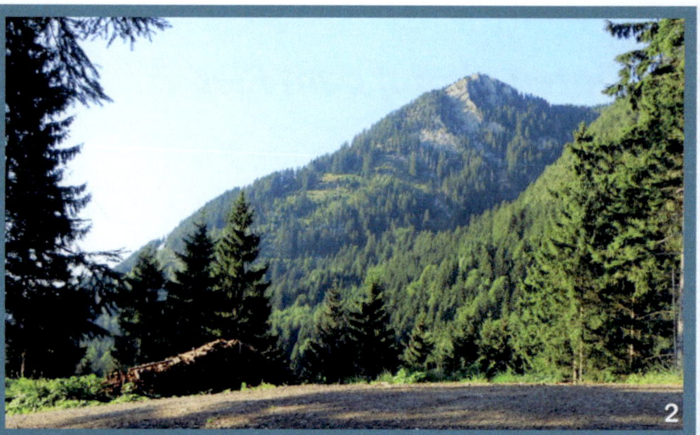

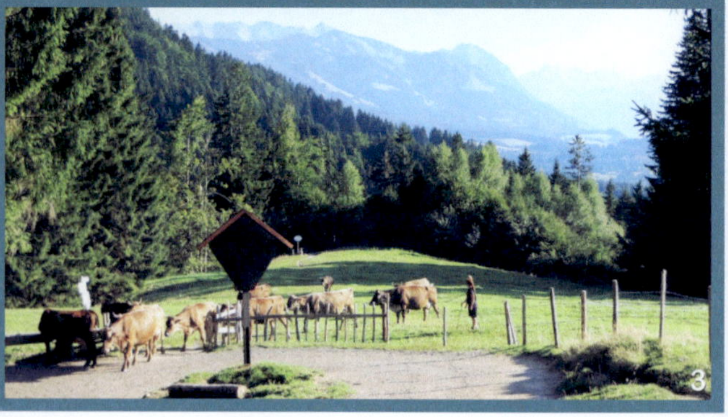

Tourenverlauf

Beginn: Parkplatz 3 Winkel und Parkplatz Auf dem Ried 2 nahe Berggasthof Alpenblick oder 3a Burgberg, Blumenstraße .

Die Wanderung von Burgberg beginnt im Uhrzeigersinn gebührenfrei nach dem Parken in der Blumenstraße hinauf Am Bichel zur Burgruine Burgberg. Weiter geht es auf der Almstraße zum Auf dem Ried, Gasthof Alpenblick.

Bereits unterwegs und hier belohnen die schönen Blicke auf Grünten, Sonthofen und ins Illertal bis zur Oberstdorfer Bergwelt. Zurück geht es nahe der Alpe Topfen hinab zur Starzlach. Zuerst noch auf der Almstraße, zweigt bald an einer Wiese der Starzlachklamm-Wanderweg abwärts durch den Bergwald.

Ein Bergrutsch verschüttete den aus der Klamm zum Königsträßle führenden Waldweg. Bis dieser Weg wieder freigegeben wird, bleibt als Rückweg nur der gut ausgebaute und gesicherte Klammsteig durch die Starzlachklamm. Deshalb kann diese Rundstrecke nur in der Öffnungszeit vom 1. Mai bis 31. Oktober gewandert werden.

In der Klamm zeigen eindrucksvoll Wasserfälle und Kaskaden die Kraft des Wassers. Am Ausgang der Klamm gibt es Brotzeit und Getränke beim Klammwirt. Er erhebt für die Pflege des Klammweges eine Gebühr.

Daten ab Winkel oder Burgberg, Blumenstraße

- GEHZEIT STUNDEN 2,25
- LÄNGE KILOMETER 6,9
- HÖHENMETER 240
- LEISTUNGSBEDARF 16

Bildbeschreibung

Oben: Wasserfall am unteren Klammeingang mit Jausenstation "Klammwirt"
1: Starzlachklamm mit Starzlachklammweg
2: Blick Burgberger Hörnle beim Aufstieg zum Auf dem Ried
3: Nahe Alpe Topfen durch die Wiese beginnt der Starzlachklamm-Wanderweg

Weitere Bilder und Wanderbericht: https://pagewizz.com/32147

5 Berghofen - Burgstalltobel - Kapf - Berghoferwald Alpe

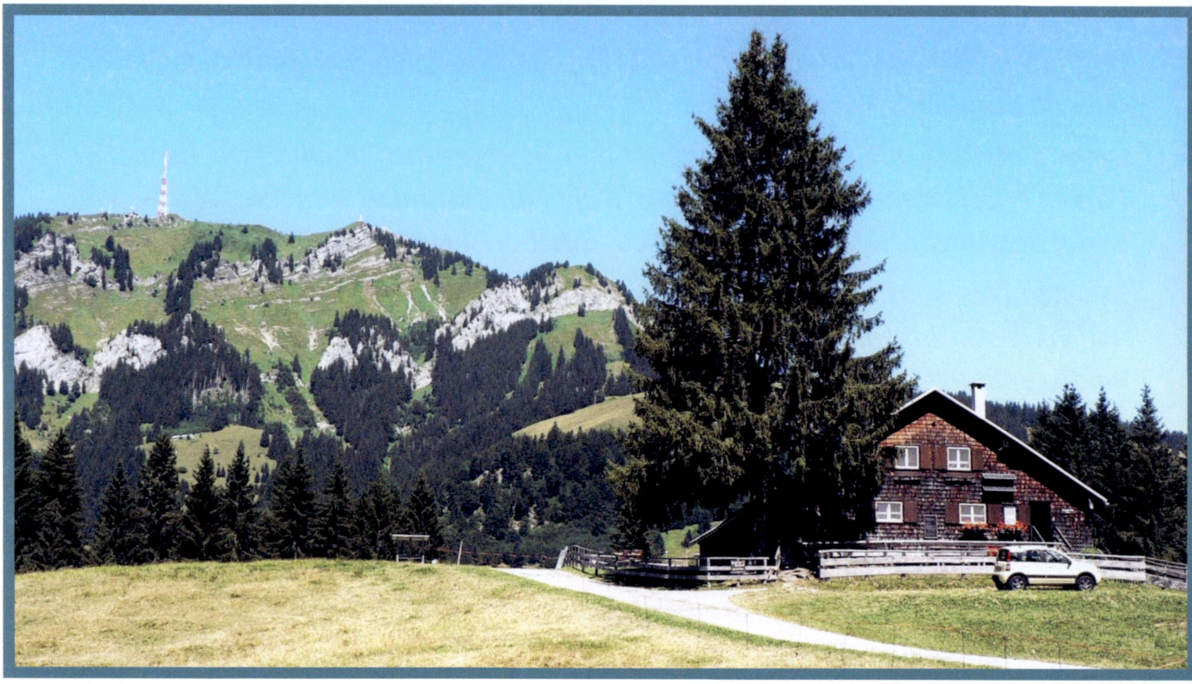

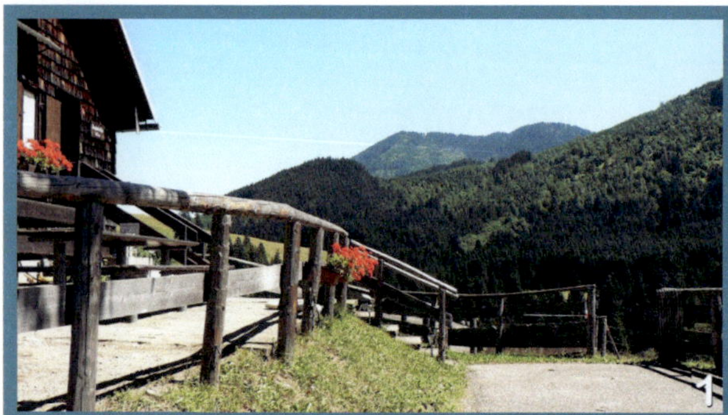

1

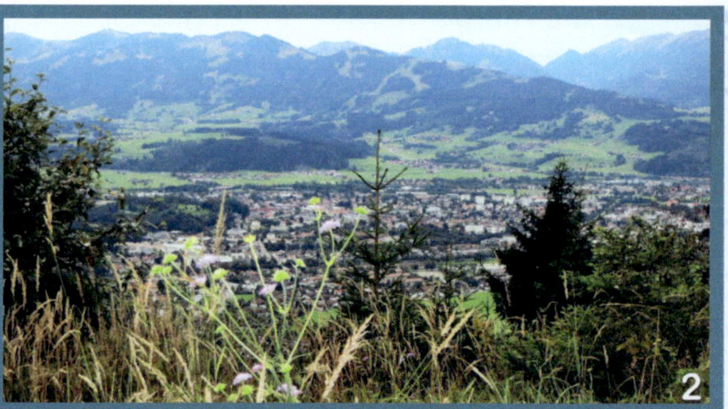

2

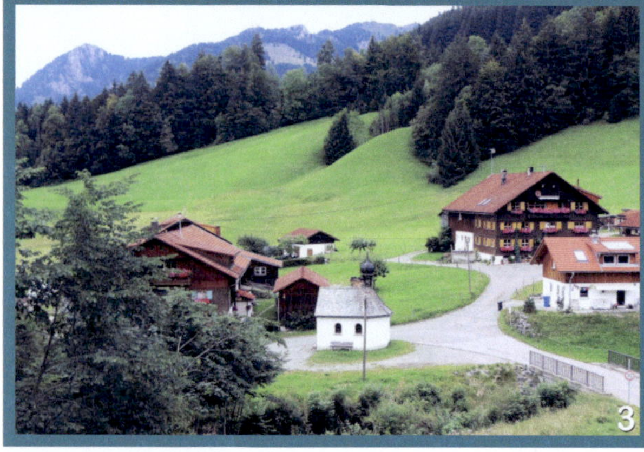

3

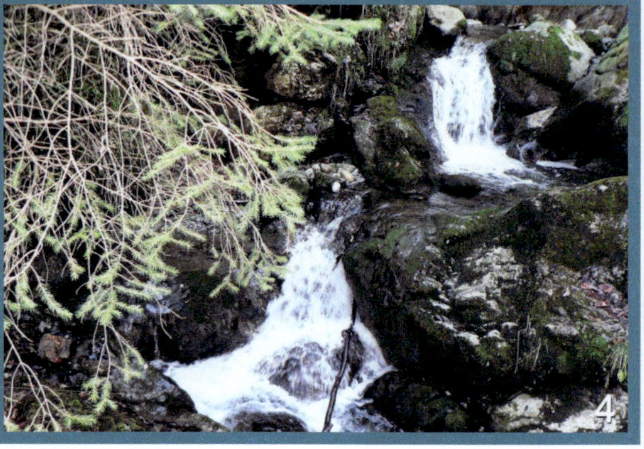

4

Tourenverlauf

Beginn: Parkplatz 4 - Berghofen, Ecke Burgstalltobel, Burgweg

Von hier geht es nahe der Kapelle auf markiertem Wanderweg Richtung Winkel. Nach 900 Metern wird die Mautstraße zur Alpe Berghoferwald erreicht. Die Alpe lädt zur Einkehr auf die sonnige Terrasse ein.

Jetzt geht es einige Meter auf der Straße zurück bis zur links abzweigenden Almstraße bergwärts. Noch bevor die Straße endet, führt ein Waldweg hoch und mündet in Moosrauft in die Almstraße. Rechts weitergehend lockt eine Bank mit freier Aussicht auf die Bergwelt. Wenigen Meter später wird der Aussichtspunkt Kapf erreicht.

Wer mutig ist geht - ohne Markierung und Weg - in gleicher Richtung hinüber zum Bergwald. Hier gilt es, den engen Waldpfad hoch zum rechts stehenden Gipfelkreuz Kapf mit Gipfelbuch zu finden. Einige Schritte zurück am Bergrücken bleibend findet sich ein zweites, kleines Kreuz mit Aussicht auf Sonthofen.

Weiter links haltend geht es zur von Moosrauft kommenden Almstraße zur "Normalstrecke" nach Unterried. Kurz nach dem Ort beginnt rechts der Tobelweg durch den Burgstalltobel nach Berghofen.

Daten ab Berghofen Burgweg

- GEHZEIT STUNDEN 3,5
- LÄNGE KILOMETER 10
- HÖHENMETER 400
- LEISTUNGSBEDARF 25

Bildbeschreibung

Oben: Blick auf die Alpe Berghoferwald mit Grünten
1: Terrasse Alpe Berghoferwald mit Blick zum Wertacher Hörnle
2: Vom Stapf Blick auf Sonthofen und Hörnergruppe
3: Unterried, Sonthofen Blick auf Grünten
4: Wasserfälle im Burgstalltobel - Tobelweg nach Berghofen

Weitere Bilder und Wanderbericht: https://pagewizz.com/25989

6 Breiten - Alpe Klank - Boaleskopf - Tiefenbacher Eck

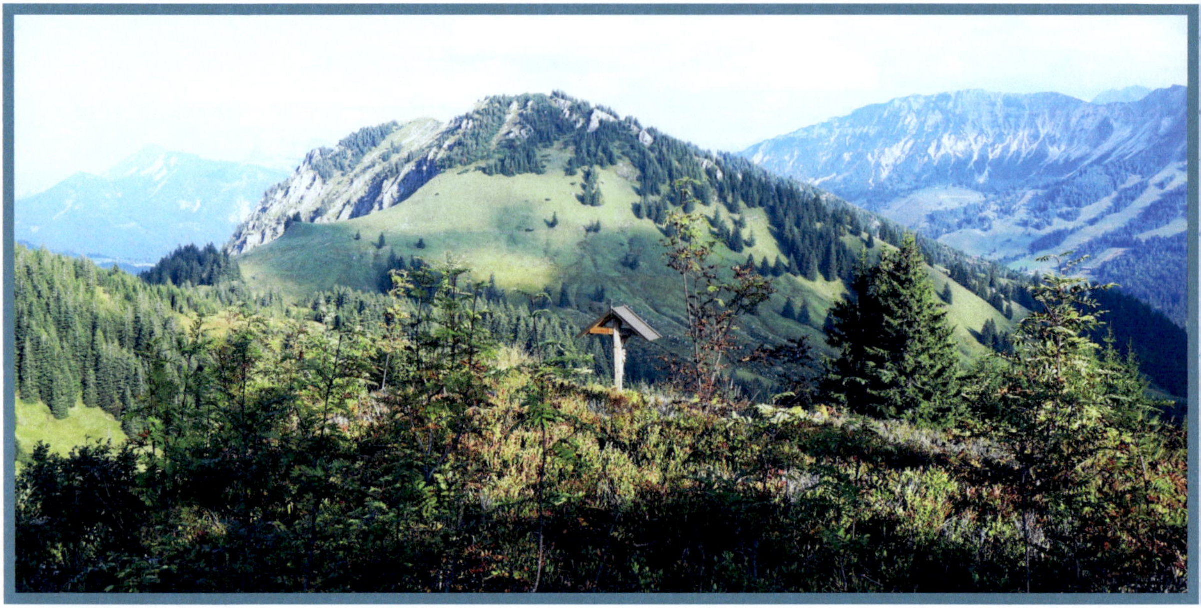

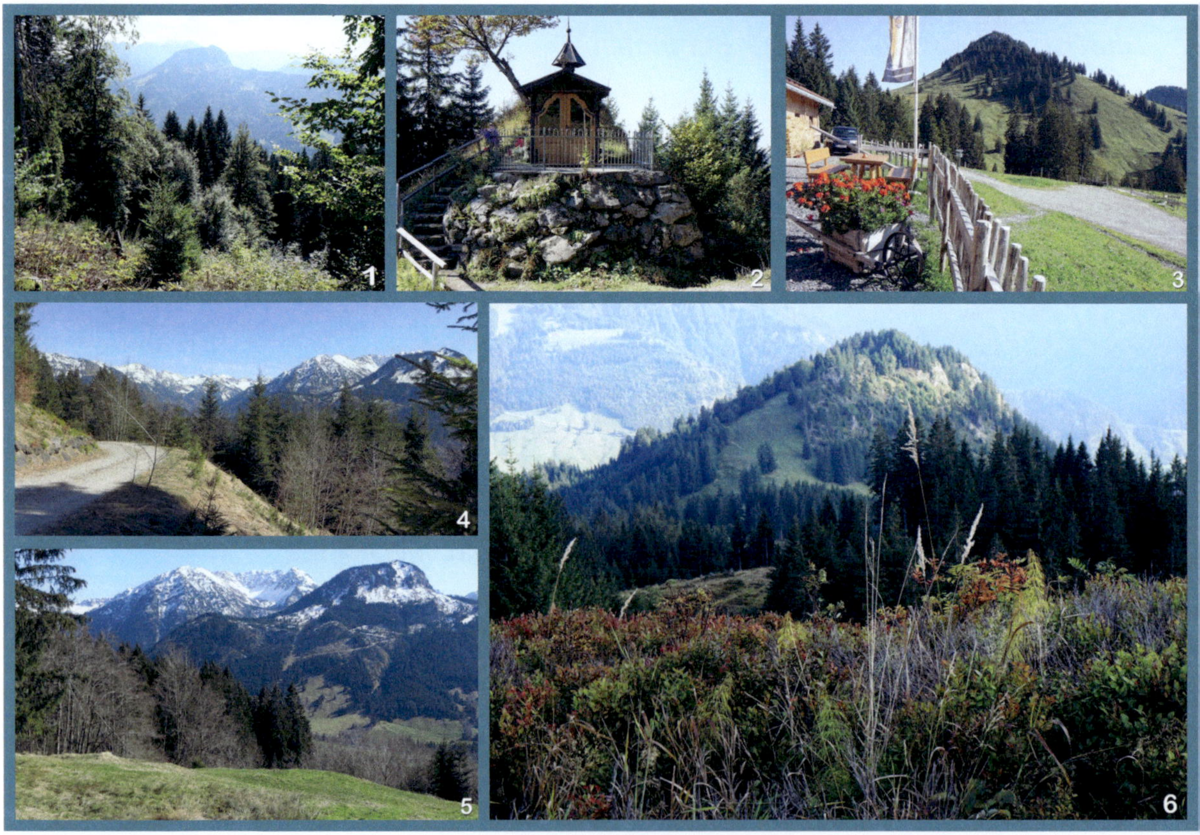

Tourenverlauf

Beginn: Parkplatz 5 Breiten

Von Sonthofen führt in Richtung Ortsteil Walten die Straße nach Breiten. Ab hier wird die Maut fällig. Vom Parkplatz wandert es sich bequem auf der Straße zum Bildstöckle. Die bald sichtbare Wickkapelle lockt über den Wiesenpfad zum kurzen Verlassen der Straße.

Noch vor dem Bildstöckle weist ein Schild rechts nach Gailenberg und zur Alpe Klank. Bei Gschwend geht es den Almweg abwärts. Waldwege locken alternativ mit schönen Ausblicken zum Abkürzen. Beim nächsten Abzweig ist die beinahe ebene Straße Richtung Bad Hindelang bis zum Höfle Weg angenehm zu wandern.

Auf 1.095 Höhenmeter mündet die Almstraße in den bequem ansteigenden Höfle Weg zur Alpe Klank. Ab der sehenswerten Wendelinskapelle sind es nur noch wenige Schritte zur Alpe mit schönen Ausblicken von der Sonnenterrasse auf die Bergwelt.

Nach der Alpe Klank steigt links der Wanderweg zum Boaleskopf. Der Rückweg auf dem bewaldeten Bergrücken bis zum Bildstöckle dauert 45 Minuten. Zum Parkplatz sind es ebenfalls 45 Minuten.

Daten ab Breiten

- GEHZEIT STUNDEN *4,0*
- LÄNGE KILOMETER *10,5*
- HÖHENMETER *580*
- LEISTUNGSBEDARF *30*

Bildbeschreibung

Oben: Blick vom Boaleskopf auf Spieser, dahinter Kühgundspitze und Iseler
1: Blick auf Imberger Horn von Gschwend Richtung Gailenberg
2: Wendelinkapelle nahe der Alpe Klank
3: Blick von der Alpe Klank auf den Spieser
4: Zwischen Gschwend und Höfleweg Blick auf die Berge um Hindelang
5: Am Höfleweg Blick Breitenberg, Rotspitz, Imberger Horn
6: Blick vom Boaleskopf auf den Hirschberg
Weitere Bilder und Wanderbericht: https://pagewizz.com/26254

7 Imberg - Blörcha Alpe - Burgschrofen - Strausberghütte

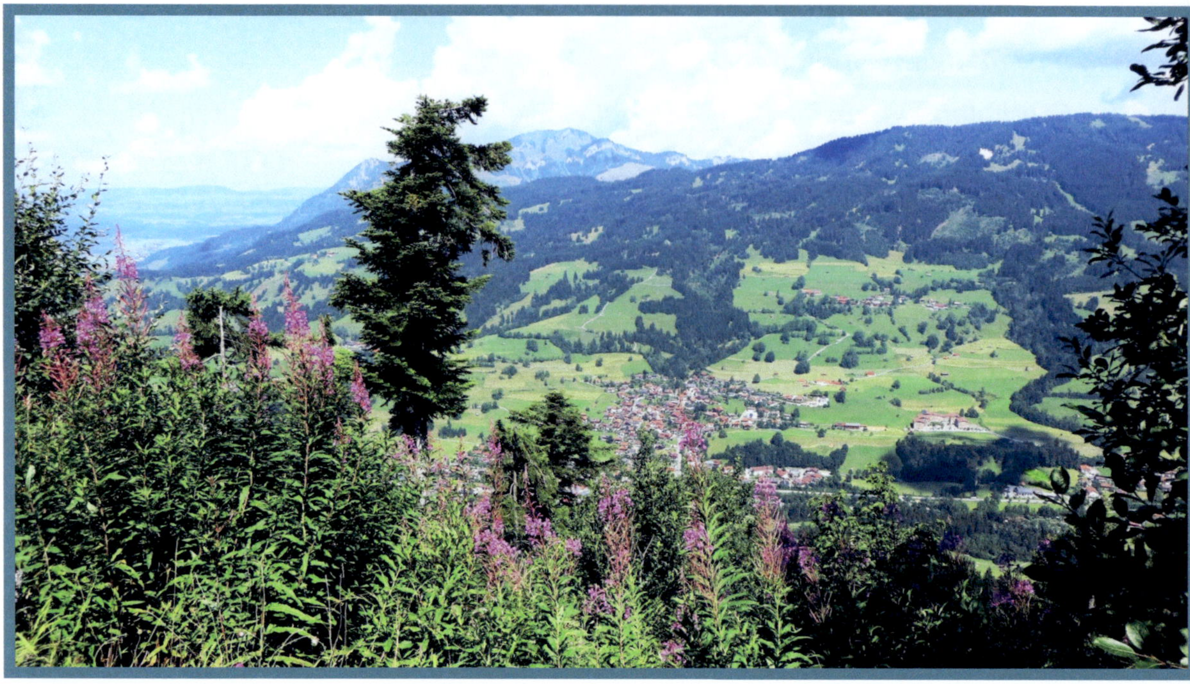

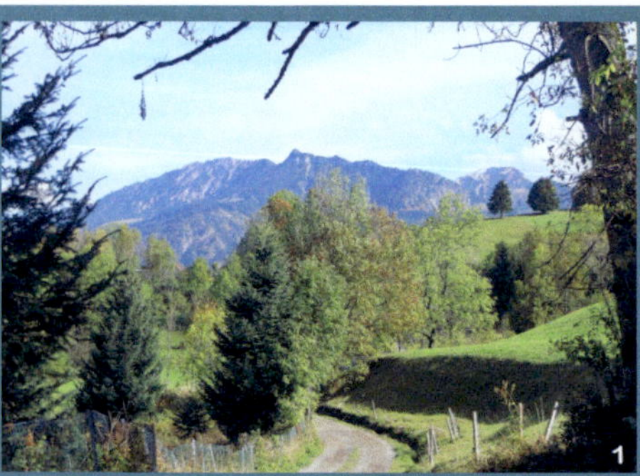

1

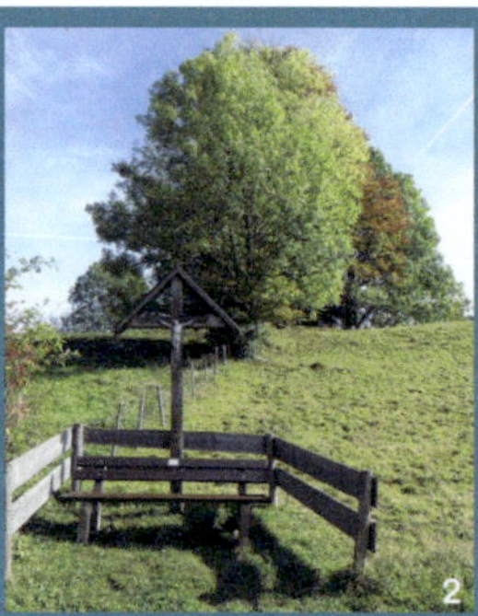

2

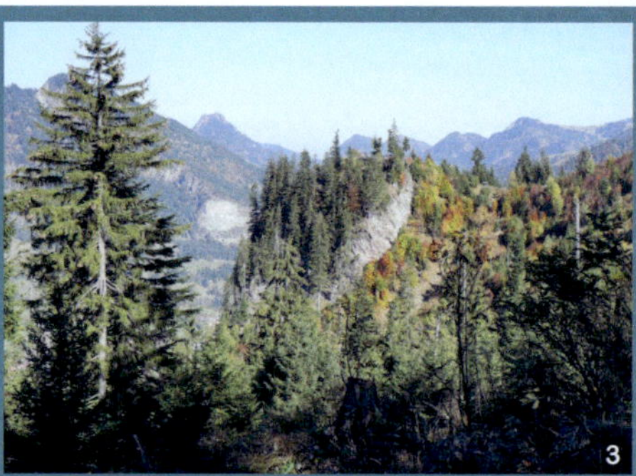

3

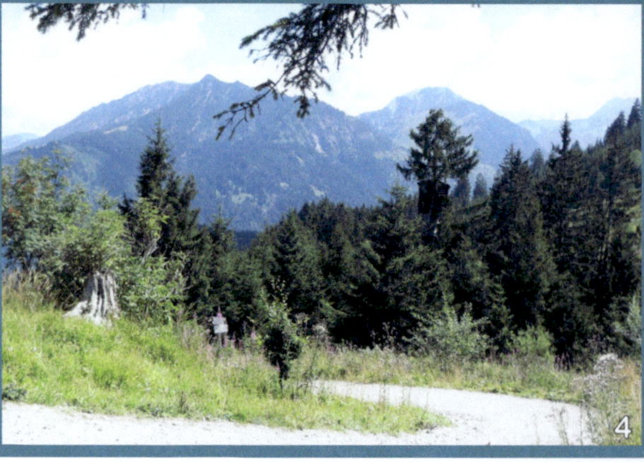

4

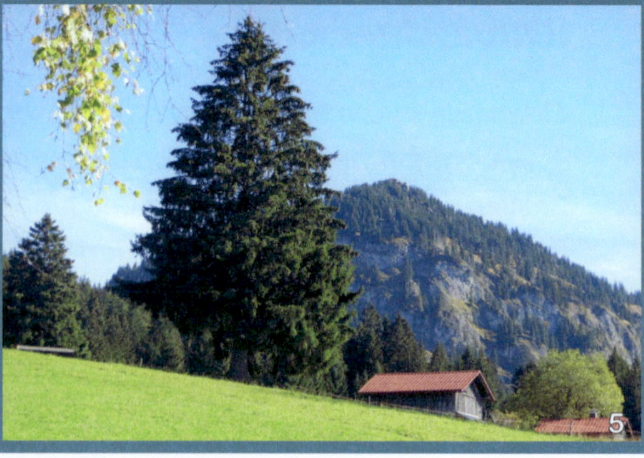

5

Tourenverlauf

Beginn: Parkplatz 6 Imberg

Von Imberg begleiten schöne Ausblicke ins Ostrachtal die eben und leicht bergab beginnende Tour über Groß nach Liebenstein. Dann beginnt der Aufstieg auf dem Blörcha-Weg zur Blörcha-Alpe.

Vom 1.339 Meter hohen Burgschrofen zeigen sich viele Berge, wie Spieser, Großer Hirschberg, Sorgschrofen, Bschiesser, Stuibenkopf und Gaishorn.

Der Blick hinab in das Tal der Ostrach zeigt die schöne Lage Bad Hindelangs. Im Westen hinter dem Oberjoch locken die Ausflugsziele Tirols im Tannheimer Tal. Westlich grüßt Sonthofen im Illertal und die Nagelfluhkette herüber.

Im Norden ragt der nahe Gipfel des Imberger Horns auf. Bei guter Kondition ist das Horn leicht zu besteigen. Anstelle des selben Weges zurück bietet sich alternativ der Weg über den Strausberg und Strausbergsattel zur Strausberghütte an.

Der Abstieg über die Strausberghütte gibt wundervolle Blicke frei auf die dominante Rotspitze, den Daumen und im Rückblick auf das Imberger Horn. Vom Süden her grüßt die Oberstdorfer Bergwelt und das Kleinwalsertal.

Daten ab Imberg

- GEHZEIT STUNDEN 3
- LÄNGE KILOMETER 9,8
- HÖHENMETER 550
- LEISTUNGSBEDARF 27

Bildbeschreibung

Oben: Blick vom Burgschrofen zum Grünten
1: Nahe Imberg Blick auf Kühgundkopf, Iseler und Bschießer
2: Kreuz mit Bank zwischen Imberg und Groß
3: Blick auf den Burgschrofen vom Weg zur Straushütte
4: Auf dem Burgschrofen, Blick Kühgundkopf, Iseler und Bschießer
5: An der Strausberghütte Blick zum Imberger Horn

Weitere Bilder und Wanderbericht: https://pagewizz.com/32082

8 Naturpark Strausberg - Cafe Horn - Sennalpe Mitterhaus

Tourenverlauf

Beginn: Parkplatz 7 Naturpark Strausberg

Als Teil des Naturschutzgebietes Allgäuer Hochalpen liegt der Naturpark Strausbergmoos am Fuße des Imberger Horns. Erreichbar ist der Parkplatz nahe der Strausberghütte über die Mautstraße von Imberg aus.

Die Tour umrundet überwiegend auf bequemen Forst- und Almstraßen das Imberger Horn. Eindrucksvoll sind die wechselnden Landschaften zwischen Berg und Tal von Burgschrofen, Retterschwanger Tal und Strausbergmoos.

Unterwegs lädt erst das Berggasthaus "Zum Oberen Horn" am Hornlift und später das Cafe Horn im Retterschwangertal mit Blick auf Rotspitz und Breitenberg zur Rast ein. Taleinwärts lockt die Sennalpe Mitterhaus bis Anfang Oktober zur Einkehr.

Über den Straussattel führen zu beiden Seiten des Hochmoors bequeme Wege zurück zum Ausgangspunkt. Von Mittwoch bis Sonntag lockt hier die Strausberghütte nahe des Parkplatzes nach dem Ende der Tour zum Besuch. Den Blick auf Rotspitz und Daumen von der Terrasse aus genießen bei einer Brotzeit ist ein schöner Abschluss des Wandertages.

Daten ab Naturpark Strausberg

- GEHZEIT STUNDEN 4,5
- LÄNGE KILOMETER 14
- HÖHENMETER 700
- LEISTUNGSBEDARF 37

Bildbeschreibung

Oben: Weg vom Hornlift Gasthaus zum Cafe Horn Blick auf den Breitenberg
1: Aufstieg von der Strausberghütte Blick auf das Imberger Horn
2: Vom Hornlift Gasthaus zeigen sich Gaishorn, Rauhhorn, Kugelhorn
3: Hinab zum Cafe Horn lockt die Rotspitz zum Besuch
4: Nahe Cafe Horn Blick auf Gaishorn, Rauhhorn, Kugelhorn
5: Kapelle Horn, im Hintergrund die Rotspitz

Weitere Bilder und Wanderbericht: https://pagewizz.com/32128/

9 Imberg - Strausberg - Imberger Horn

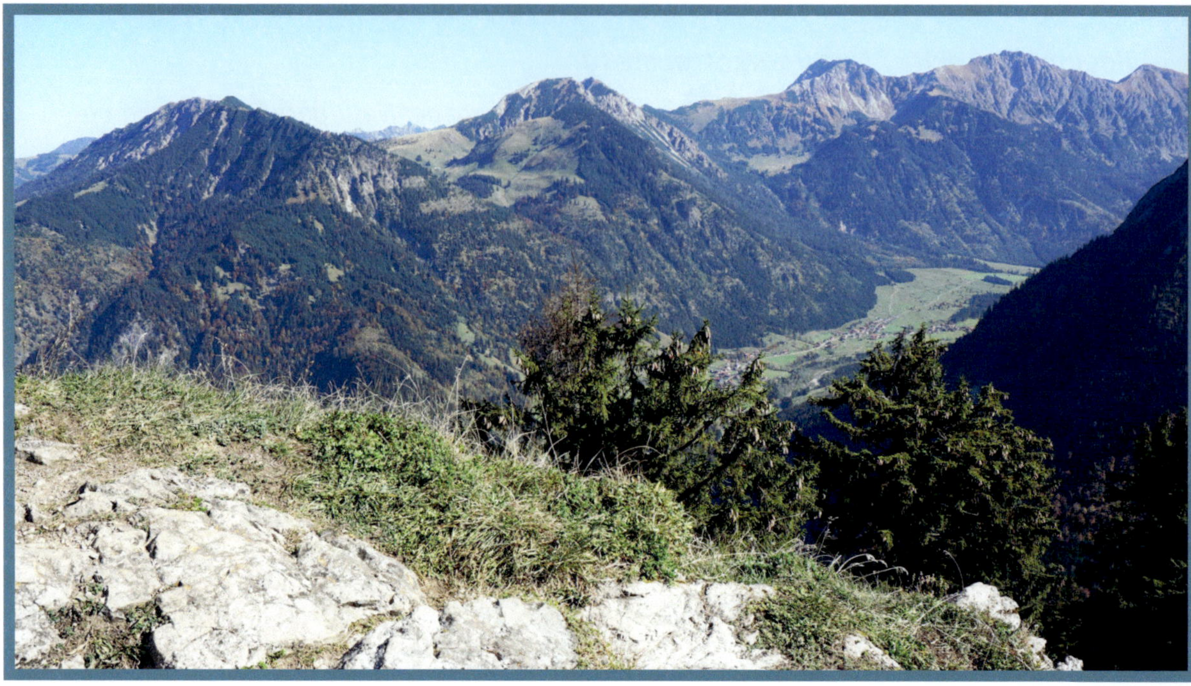

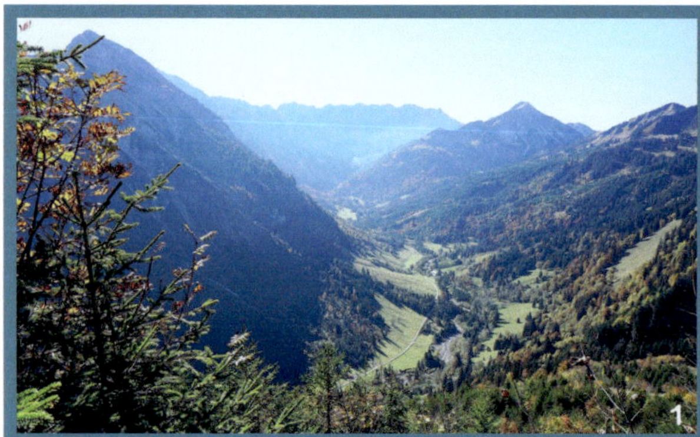

1

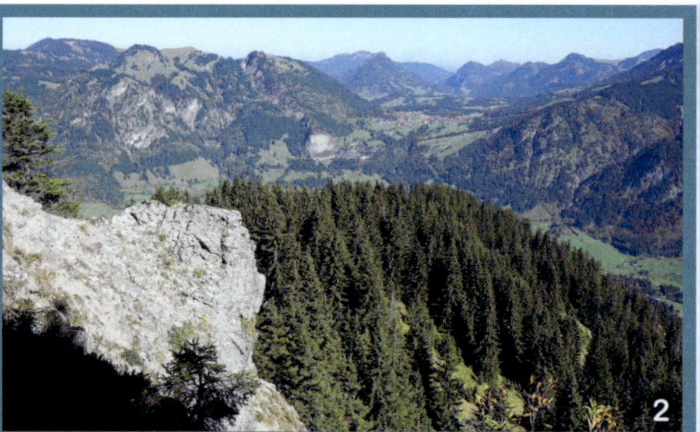

2

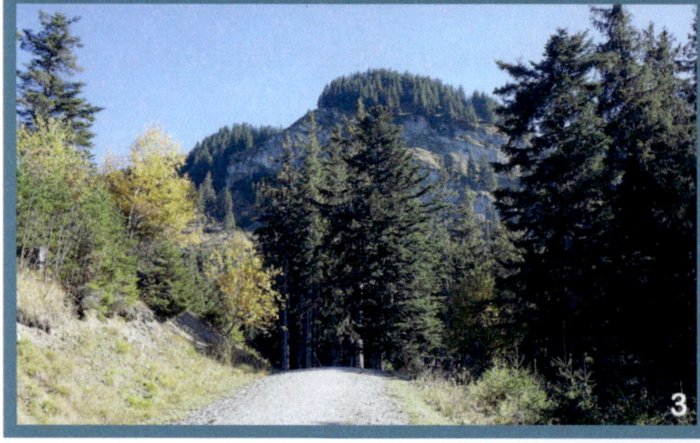

3

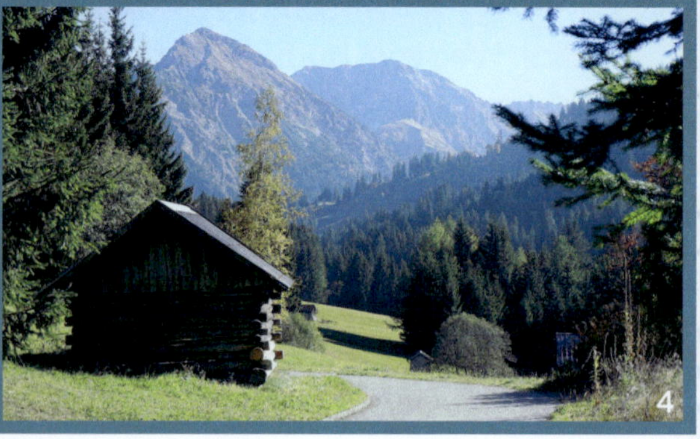

4

Tourenverlauf

Beginn: Parkplatz 6 Imberg, Parkplatz 7 Naturpark Strausberg

Die Mautstraße führt von Imberg zum Parkplatz Naturpark Strausberg. Alternativ kann am Parkplatz gegenüber der Mautstelle geparkt werden. Zu Fuß braucht es eine Stunde zum Naturpark. Ein bequemer, schattiger Wanderweg kürzt den mittleren Teil der Mautstraße ab. Ab dem Parkplatz beginnt die Rundtour.

Empfehlenswert ist es in Richtung Strausbergsattel zu wandern. Nach der Strausbergalpe geht es erst rechts und und bald links zum Strausbergsattel. Hier steigt links der Bergsteig zum Strausberg. Rückblickend sind Rotspitz, Nebelhorn und Entschenkopf zu sehen. Strausberg und Imberger Horn verbindet ein Bergpfad mit Ausblicken zum Breitenberg und ins Hintersteiner Tal mit Gaishorn und Rauhhorn.

Das Imberger Horn schenkt schöne Aussichten ins Illertal, Ostrachtal, Tannheimertal und Rettersteinertal. Der Bergweg hinab endet an einem Aussichtsplatz. Hier führt links der Weg hinab zur Almstraße und weiter zur Strausberghütte. Von Mittwoch bis Sonntag geöffnet, lockt sie zur Einkehr. Auf der Terrasse sind die dominante Rotspitz und der Daumen zu sehen.

Daten ab Parkplatz Imberg (Strausberg)

- GEHZEIT STUNDEN 4,25 STUNDEN (3,25)
- LÄNGE KILOMETER 11,5 (7,5)
- HÖHENMETER 750 (500)
- LEISTUNGSBEDARF 35 (24)

Bildbeschreibung

Oben: Der Blick vom Imberger Horn ins Ostrachtal und Hinterstein zeigt die Berge Iseler, Bschiesser, Ponten, Gaishorn Rauhhorn und Kugelhorn
1: Blick ins Retterschwangertal auf Rotspitz, Nebelhorn und Entschenkopf
2: Gipfelblick Spieser, Ornach, Oberjoch und Tannheimer Tal.
3: Zwischen Burgschrofen und Strausberghütte Rückblick auf Imberger Horn
4: Nahe Parkplatz Weg zum Strausbergsattel, Blick auf Rotspitz und Daumen

Weitere Bilder und Wanderbericht: https://pagewizz.com/24801

10 Sonthofen - Ostrachtal - Imberg - Margarethen

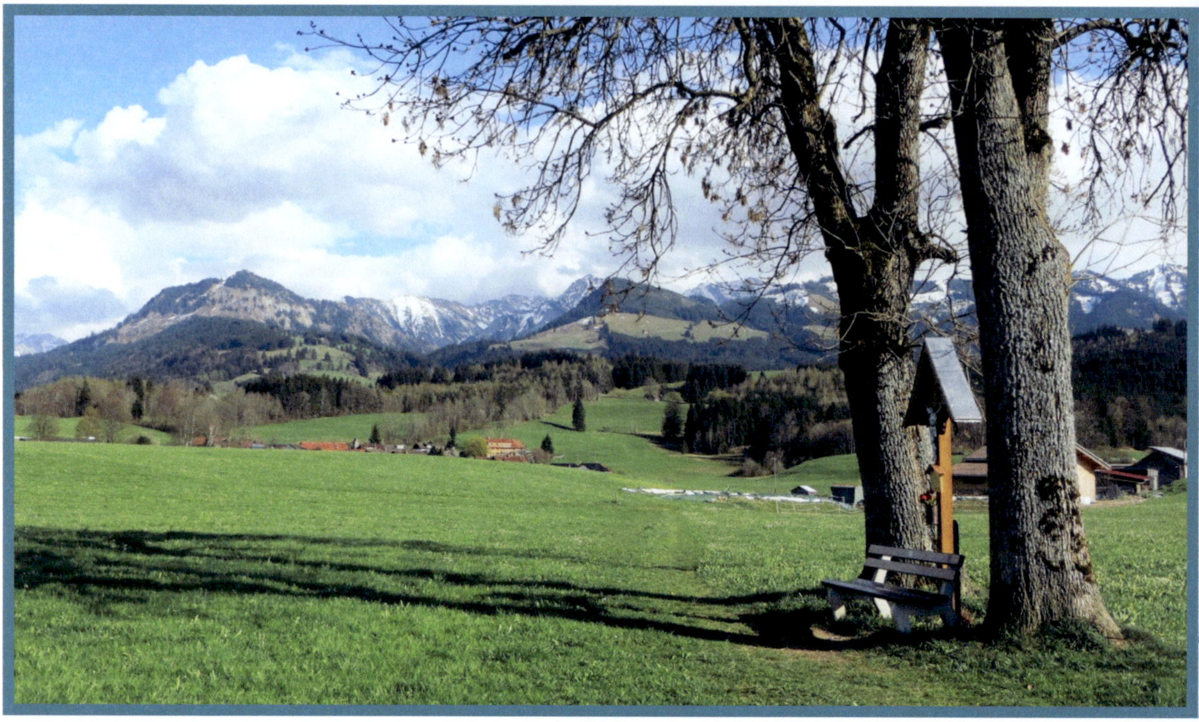

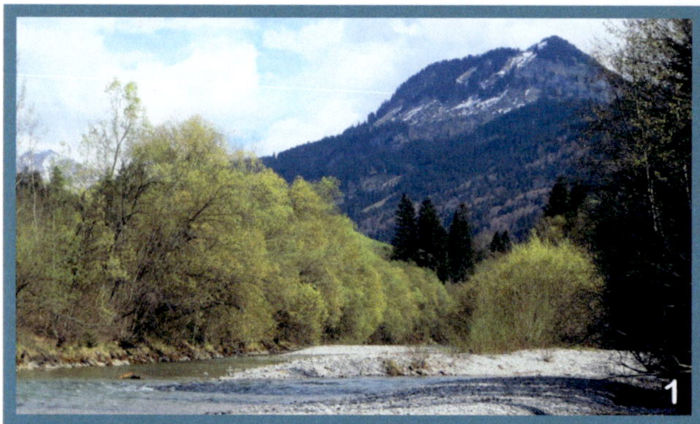

1

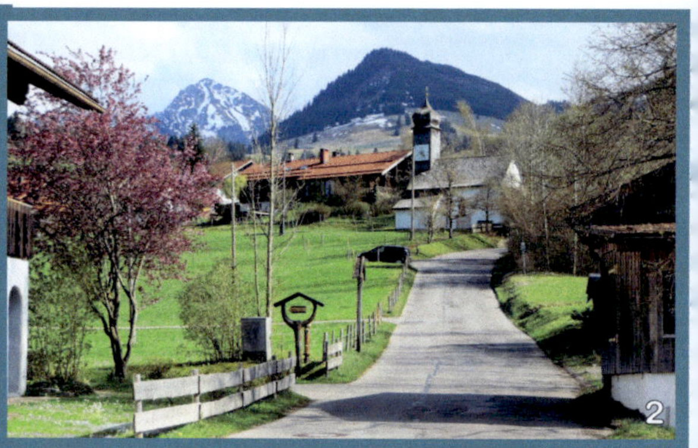

2

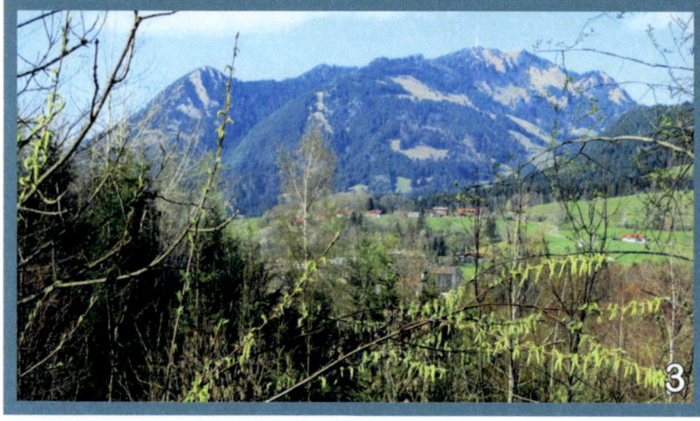

3

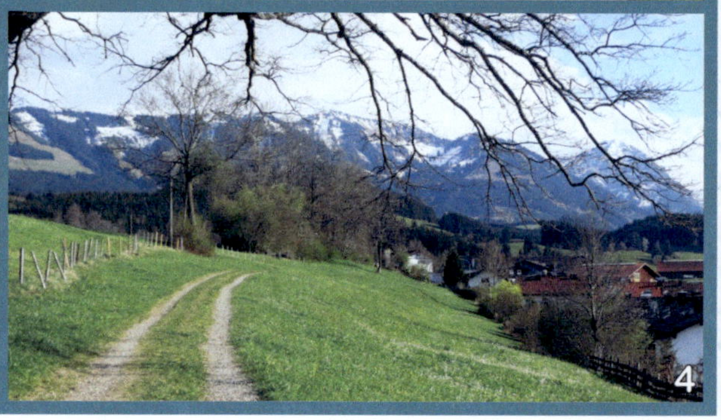

4

Tourenverlauf

Beginn Parkplatz 8 in der Ostrachstraße nahe Grüntenstraße

Die Rundstrecke von etwa 2,5 Stunden innerhalb Sonthofens schenkt aussichtsreiche Blicke auf die Ostrach sowie die Hindelanger- und Oberstdorfer Bergwelt. Start ist in der Ostrachstraße an der Grüntenstraße. Hier geht es am Ostrachufer in Richtung Bad Hindelang.

Der Anstieg zum Ortsteil Imberg beginnt nach der Fußgänger-Unterführung der Bundesstraße nach Bad Hindelang. Ein bequemer Fußpfad beendet den kurzen Straßenabschnitt. Vor Imberg wird die Straße wieder erreicht mit schönen Blicken unter anderem auf das Imberger Horn.

Nahe der Kapelle Imbergs führt ein Steig rechts hinab Richtung Margarethen. Der Ort wird nach der Brücke bequem auf der Forststraße erreicht. Am Ortsende zweigt links ein Wiesenpfad nach Sonthofen. Jetzt zeigen sich die Hindelanger- und Oberstdorfer Berge, wie beispielsweise Rotspitz und Rubihorn. Ein schöner Blick auf die Bergwelt bietet sich an beim Kreuz am Wegesrand unter zwei großen Bäumen. Nach dem Waldspielplatz Schwäbele Holz endet der Wanderweg in die Straße nach Sonthofen. Nach dem Spaziergang durch Sonthofen zum Ausgangspunkt endet die Tour.

Daten ab Grüntenstraße, Ostrachstraße

- GEHZEIT STUNDEN 2,5
- LÄNGE KILOMETER 9
- HÖHENMETER 150
- LEISTUNGSBEDARF 16

Bildbeschreibung

Oben: Vom Wegekreuz mit Bank unter Bäumen Blick zum Imberger Horn
1: Zwischen Sonthofen und Bad Hindelang am Ostrachufer Blick zum Imberger Horn
2: Rotspitz und Imberger Horn zeigen sich hinter der Imberger Kapelle
3: Zwischen Imberg und Margarethen Blick von der Forststraße zum Grünten
4: Nach dem Wegekreuz der Weg von Hofen mit Blick zum Rubihorn

Weitere Bilder und Wanderbericht: https://pagewizz.com/30654

11 Imberg - Sonthofer Hof - Altstädter Hof - Strausberghütte

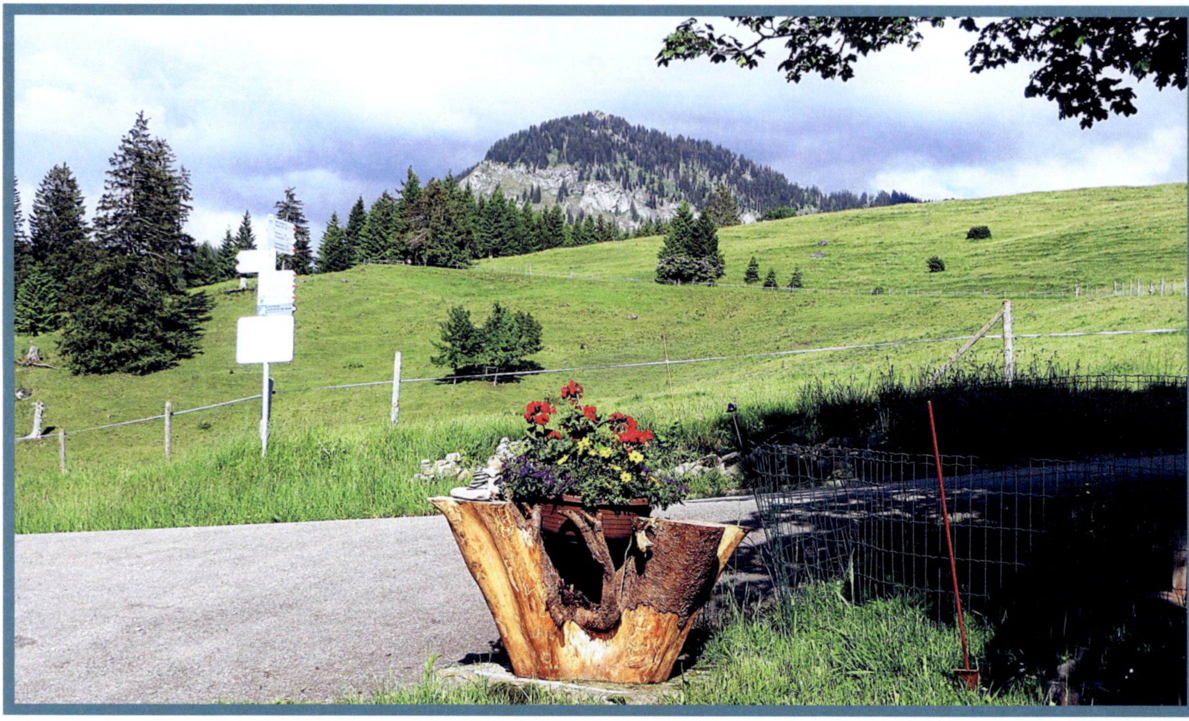

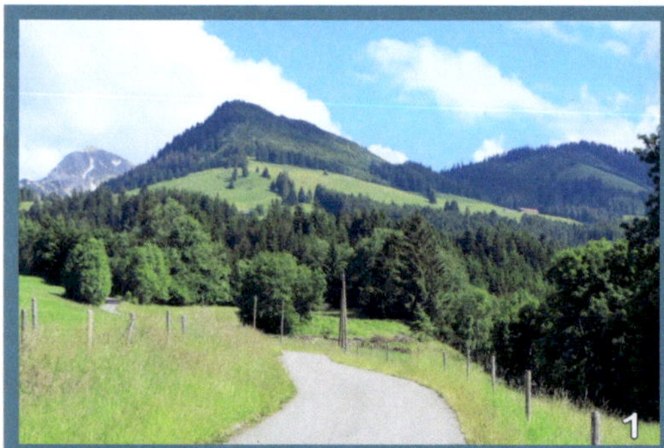

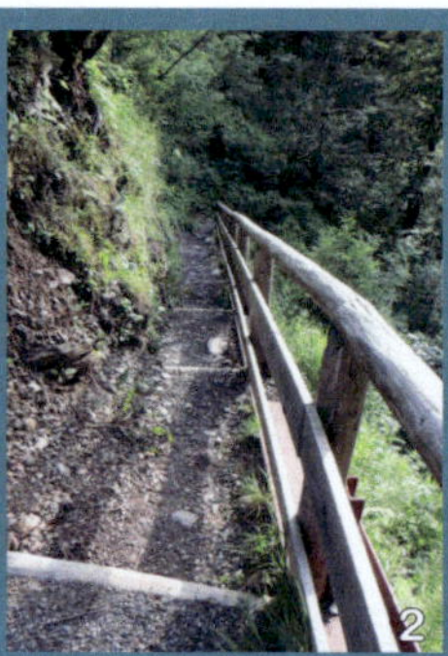

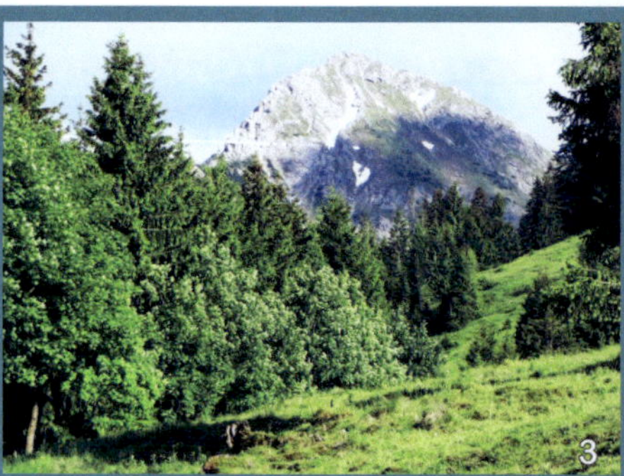

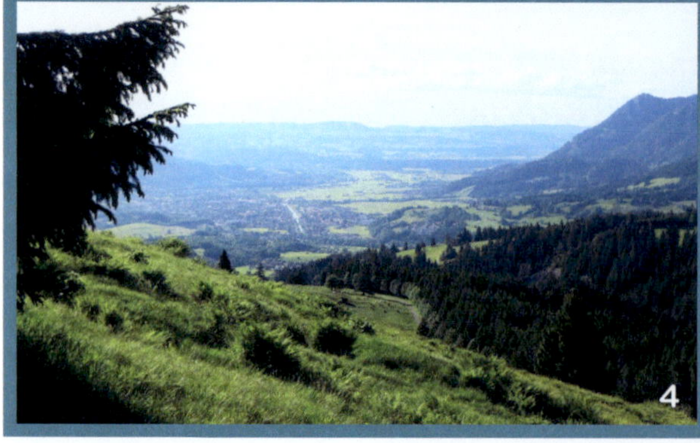

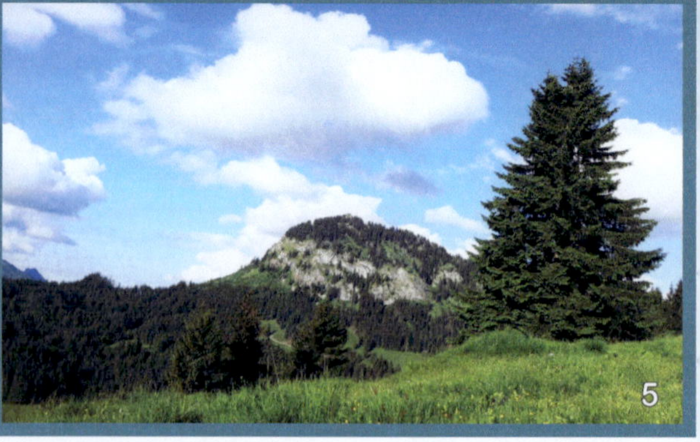

Tourenverlauf

Beginn: Parkplatz 6 Imberg, Beginn Mautstraße

Die einfache, kurze Tour beginnt am Parkplatz in Imberg an der Mautstraße zum Naturschutzgebiet Strausberg. Bald zweigt rechts eine Forststraße Richtung Sonthofer Hof ab und mündet in einen Wanderpfad. Dieser quert den Löwenbach und steigt hoch zur Mautstraße Sonthofer Hof.

Der urige Alpe lädt ein zu Brotzeit, Kaffee und Kuchen. Wer nicht den Altstädter Hof besuchen will, wandert die Almstraße in Richtung Strausbergsattel bis zum Abzweig zur Strausberghütte (Variante im Plan orange).

Rechts der Schranke beginnt unmarkiert ein Wiesenpfad über den Beilenberger Hof zum Altstädter Hof. Er mündet in die zum Altstädter Hof führende Mautstraße. Die Alpe belohnt die Einkehr mit einer schöner Aussicht von der Terrasse. Zu sehen sind im Illertal Sonthofen, Hörnergruppe, Nagelfluhkette und Grünten.

Der Rückweg führt nach wenigen Meter ansteigend hinab - vorbei an der Michael-Schuster-Hütte (Naturfreundehaus) - zur Strausberghütte. Hier geht es auf der Mautstraße und einem Wanderweg nach Imberg. Die Variante zurück über den Sonthofer Hof ist etwas kürzer.

Daten mit Strausberghütte (ohne)

- GEHZEIT STUNDEN 3,25 (2,75)
- LÄNGE KILOMETER 9 (8)
- HÖHENMETER 530 (460)
- LEISTUNGSBEDARF 26 (23)

Bildbeschreibung

Oben: Vom Sonthofer Hof ist das Imberger Horn zu sehen.
1: Auf der Straße zum Naturpark Strausberg Blick Rotspitz und Sonthofer Hörnle
2: Aufstieg vom Löwenbach zur Mautstraße Sonthofer Hof
3: Zwischen Altstädter Hof und Abzweig Strausberghütte Blick auf Rotspitz
4: Nahe Altstädter Hof Blick ins Illertal und Burgberger Hörnle
5: Am höchsten Punkt der Tour zeigt sich das Imberger Horn

Weitere Bilder und Wanderbericht: https://pagewizz.com/36352

12 Altstädten - Hubertusfall - Altstädter Hof - Hinangerfall

1

2

3

4

5

6

Tourenverlauf

Beginn: Parkplatz 9 Altstädten Freibad

Die Tour beginnt beim Parkplatz Schwimmbad Altstädten. Hier führt der gut gesicherteWandersteig - gelegentlich mit Stufen aus natürlichen Steinen - zum Hubertusfall und weiteren Wasserfällen und Kaskaden ins Leybachtal.

Wenige Meter nach dem Ausblick hinab zu einem der Wasserfälle mündet der Steig in die Mautstraße zum Altstädter- und Sonthofer Hof. Nach dem Kreuz mit Bank und schöner Aussicht an der Straße empfiehlt sich der rechts abzweigende, schattige Waldpfad durch den Hölltobel und Leybachtobel . Stets nahe am Leybachmündet die Strecke in die Mautstraße. Hier geht es bequem ansteigend zum Altstädter Hof.

Die Einkehr zur Brotzeit oder Kuchen schenkt von der Terrasse aus schöne Ausblicke ins Illertal und auf die Allgäuer Bergwelt. Nach kurzer Strecke auf einer Almstraße zweigt ein Hangpfad hinab zur einladenden Sonnenklause.

Abwärs Richtung Hinang zweigt rechts der Straße der Weg zum Hinanger Wasserfall. Kaskaden begleiten den gut ausgebauten Weg. Vor Hinang führt rechts der breite Wanderweg zurück zum Ausgangspunkt nach Altstädten. Wer die Tour kürzer will, wandert vom Leybachtal direkt zur Sonnenklause.

Daten ab Altstädten Freibad

- GEHZEIT STUNDEN 4
- LÄNGE KILOMETER 11
- HÖHENMETER 610
- LEISTUNGSBEDARF 31

Bildbeschreibung

Oben: Terrasse Altstädter Hof Blick ins Illertal und zum Burgberger Hörnle
1: Hubertusfall nahe Altstädten im Leybachtal
2: Mautstraße zum Altstädter Hof, Blick zum Grünten
3: Oberhalb des Altstädter Hofes Blick ins Illertal
4: Sonnenklause, im Hintergrund die Hörnergruppe
5: Rückblick zwischen Hinang und Altstädten zum Rubihorn

Weitere Bilder und Wanderbericht: https://pagewizz.com/26841

Touren von Sonthofen aus: 1 Burgberger Hörnle, 2 Grünten, 3 Höfleweg, 4 Starzlachklamm, 5 Kapf, 6 Boaleskopf

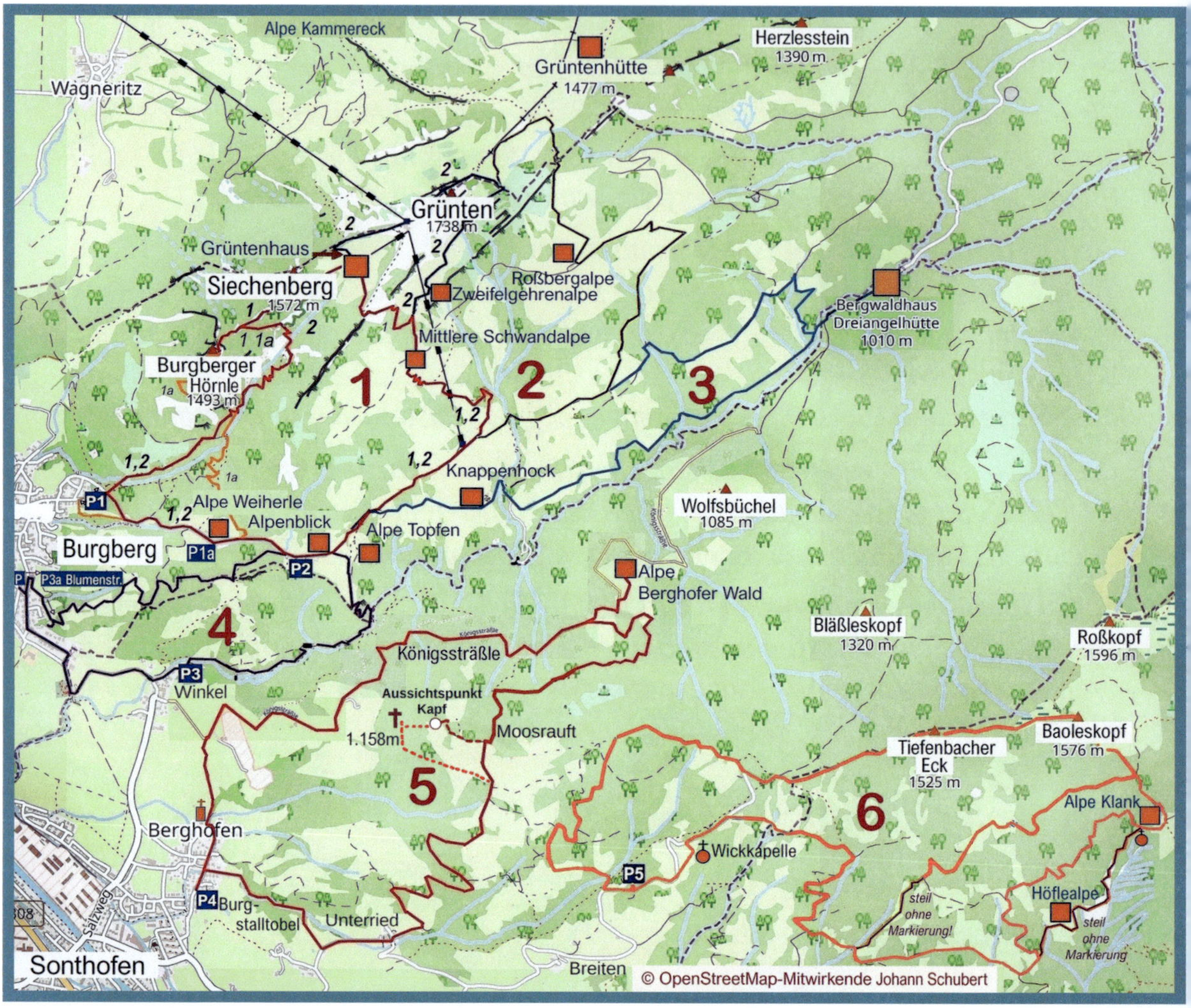

© OpenStreetMap-Mitwirkende Johann Schubert

Vorderhindelang

Ostrach

Hauptstraße — Alpenstraße

Ostrachstraße

Bad Oberdorf

Ostrachstraße

Ostrach

Imberg
P6

7

Alpe
Blörchach
1149 m

Burgschrofen
1334 m

Zum oberen
Horn 1320 m

Strausberg-Hütte
1197 m

Cafe Horn
995 m

P7

Naturfreunde-
haus

9

Alpe
Strausberg
1226 m

Imberger
Horn
1656 m

8

1080 m

Strausberg
1561 m

Sonthofer
Hörnle
1525 m

Breitenberg
1899 m

Gehrenkopf
1566 m

Breitenberg
Südgipfel
1946 m

Sennalpe
Mitterhaus

1084 m

© OpenStreetMap-Mitwirkende Johann Schubert

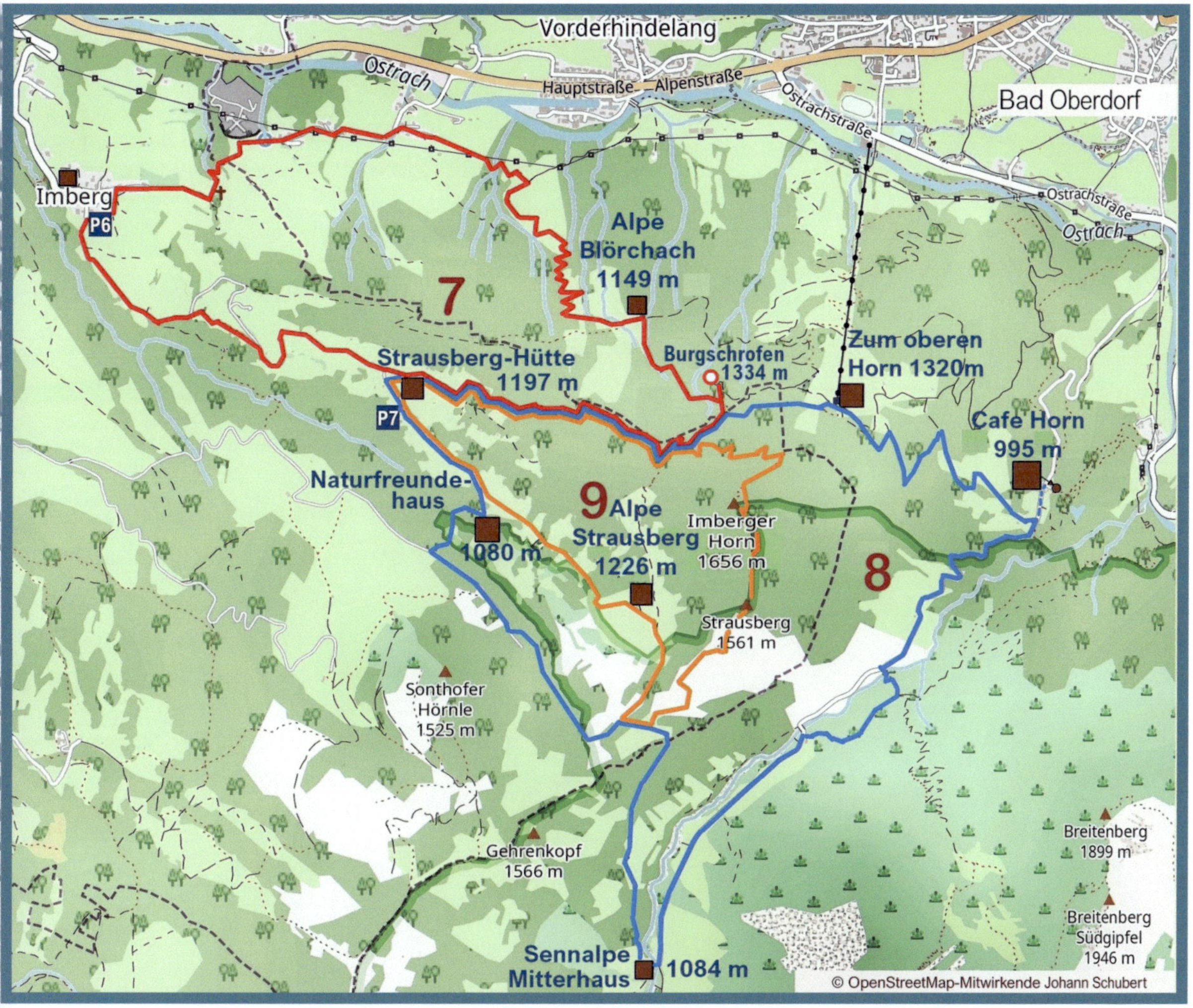

Bildbände des Autors, Herstellung BoD

Wandern Oberstdorf und Naturpark
Nagelfluhkette (Normalpapier)
Bildband 24 Touren im Allgäu
Buch ISBN 9783 7528 1358 6 7,99€

Wandern Oberstdorf und Naturpark
Nagelfluhkette (Farbpapier)
Farbbildband 24 Touren im Allgäu
Buch ISBN 9783 7528 2366 0 15,99€

Wohlfühlorte im Allgäu Bildband
bezaubernde Wanderziele in vier
Ferienregionen (Normalpapier)
Buch ISBN 9783 7392 2914 0 11,99€

Angebot in https://primapage.de: Blaue Broschüre, gleicher Inhalt ohne Tourenbeschreibungen wie grüne Bände.

Tour 10 Sonthofen Imberg Margarethen, 11 Imberg Sonthofer Hof, 12 Altstädten Altstädter Hof Hinanger Wasserfall

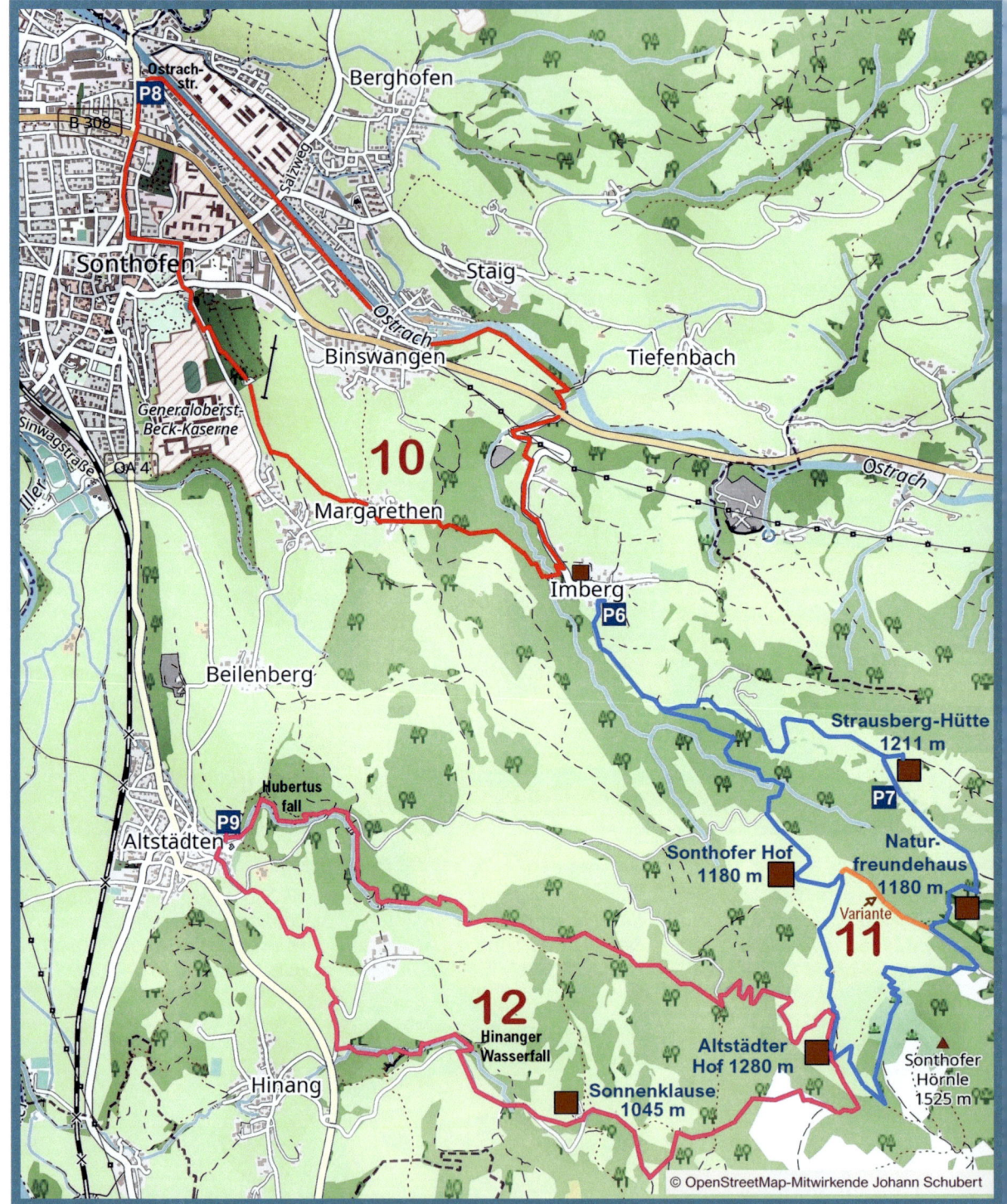

© OpenStreetMap-Mitwirkende Johann Schubert

Liste Verweise (Links) zu den Wanderberichten

Die Webseite https://primapage.de/link/
enthält die Liste der Verweise (Links) der Bildbände 1+2 und 3+4).
Der Klick auf eine Zeile führt zum entsprechenden Wanderbericht.

Band 3 Touren Bad Hindelang

1 Bad Hindelang - Hirschberg - Alpe Klank - Spieser | https://pagewizz.com/25366

2 Bad Hindelang - Nusche - Gailenberg | https://pagewizz.com/34612

3 Hinterstein - Schleierfall - Cafe Horn - Hornalpe | https://pagewizz.com/36776

4 Hinterstein - Häbelesgund - Breitenberg | https://pagewizz.com/36333

5 Hinterstein - Häbelesgund -Rotspitz - Alpe Mitterhaus | https://pagewizz.com/26996/

6 Hinterstein - Zipfelsalpe - Iseler - Vaterlandsweg | https://pagewizz.com/31917

7 Hinterstein - Willersalpe - Bschiesser - Zipfelsalpe | https://pagewizz.com/38049

8 Schattwald - Stuibenalpe | https://pagewizz.com/32017

9 Tannheim - Älpele - Gaishorn - Vilsalpsee | https://pagewizz.com/36091

10 Giebelhaus - Engeratsgundsee - Türle - Hinterstein | https://pagewizz.com/34563

11 Hinterstein - Giebelhaus - Schwarzenberghütte | https://pagewizz.com/34563

12 Hinterstein - Willersalpe - Jubiläumsweg - Schrecksee | https://pagewizz.com/26656

Band 4 Touren Sonthofen (Inhalt)

1 Burgberg - Burgberger Hörnle - Grüntenalpe - Schwandalpe | https://pagewizz.com/20255

2 Burgberg - Grünten über Schwandalpe oder Roßalpe | https://pagewizz.com/20255

3 Burgberg Auf dem Ried Höfle Rundweg zum Knappenhock | https://pagewizz.com/20327

4 Ruine Burgberg - Auf dem Ried - Starzlachklamm - Winkel | https://pagewizz.com/32147

5 Berghofen - Berghoferwald Alpe - Kapf - Burgstalltobel | https://pagewizz.com/25989

6 Breiten - Alpe Klank - Boaleskopf - Tiefenbacher Eck | https://pagewizz.com/26254

7 Imberg - Burgschrofen - Naturpark Strausberg | https://pagewizz.com/32082

8 Naturpark Strausberg - Cafe Horn - Sennalpe Mitterhaus | https://pagewizz.com/32128

9 Imberg - Strausberg - Imberger Horn | https://pagewizz.com/24801

10 Sonthofen - Ostrachtal - Imberg - Margarethen | https://pagewizz.com/30654

11 Imberg - Sonthofer Hof - Altstädter Hof - Strausberghütte | https://pagewizz.com/36352

12 Altstädten - Hubertusfall - Altstädter Hof - Hinangerfall | https://pagewizz.com/26841

Abbildungen auf dem Einband:

Vorderseite:

Bad Hindelang, Hubertuskapelle im Ostrachtal mit Blick auf den Giebel

Rückseite:

Bad Hindelang, am Weg vom Hornlift Gasthaus zum Cafe Horn, Blick auf den Breitenberg